Le coton de Tuléar

Direction éditoriale
Hervé Chaumeton, Philippe Coppé

PAO
Nathalie Lachaud

Photogravure
Stéphanie Henry, Chantal Mialon

ISBN : 2-84416-293-2
N° d'éditeur : 84416
Dépôt légal : novembre 2004

Achevé d'imprimer : octobre 2004
Imprimé en Espagne par ONA Industria Gráfica

Le coton de Tuléar

Goran Brkic

ARTÉMIS ÉDITIONS

Sommaire

Remerciements

Ce livre résume 30 ans de ma carrière cynophile. Ce qui est restitué ici, je le dois intégralement à la chance de rencontres heureuses de personnages exceptionnels qui m'ont permis de garder le cap, en me témoignant beaucoup d'amitié.

M. Billoir, président du Club d'utilisation de Colombes, où j'ai acquis mes premières notions d'éducation canine.

M. François Striby, président du Dobermann club de France, qui m'a donné envie d'avoir de beaux chiens.

M. Jean-Marc Fabre, ancien président de la SCIF, qui m'a donné le virus des expositions et m'a fait découvrir la cynophilie officielle.

M. Cassandre Mattera qui m'a aidé à choisir mes premiers cotons et m'a donné le virus de l'élevage.

Mme Willemot-Braun grâce à qui j'ai découvert la complexité d'organisation des manifestations canines et qui est à l'origine de la plupart de mes rencontres cynophiles heureuses.

Les juges MM. Messin et Janicot et leurs épouses, M. Leblond, M. Sénécat, qui tous avec gentillesse mais avec l'acuité de leur regard de spécialistes m'ont permis de garder une orientation saine à mon élevage.

Les handlers Pierre Boetsch et Marie-France Sequino, mes maîtres dans l'art de la présentation et professeurs dans celui du toilettage.

Les D^{r} vétérinaires Pasquier, Ganivet et Sirieyx, toujours disponibles pour le moindre bobo de mes petits compagnons et jamais avares de leur temps pour expliquer leur science à l'ignare que je suis.

Mme Andrée Ostrach, qui fut pendant 25 ans, présidente de notre Club et chez qui j'ai toujours trouvé amitié et conseils avisés.

Jacqueline Brestecher, première vice-présidente de la SCC, qui œuvre depuis longtemps pour la réussite du coton en France et que j'aurais pu citer à toutes les lignes, tant son amitié m'est précieuse.

Et enfin, celle qui fut la « vraie » présidente du Club du coton pendant « ma » présidence et qui a été non seulement à l'origine mais aussi à l'exécution de toutes les actions menées à bien : Nathalie Brabant. Sans oublier les « fidèles » du CCCE, Monique Rossi et Daniel et Isabelle Arnoult.

Généralités

L'histoire du coton de Tuléar

La période malgache

> Légende et histoire

Comme pour beaucoup de races, la « recette » ou la composition exacte des gènes, le dosage et le croisement des chiens qui ont « produit » le coton de Tuléar est incertaine. Diverses légendes circulent, celle qui suit semble belle et pas foncièrement plus fausse que les autres. Elle résume finalement de façon romancée ce que nous savons.

« Au XVIe siècle, hôtes de toutes les cours princières, plusieurs variétés de petits bichons naviguaient sur les bateaux européens. Certains de ces bichons, privilégiés, dorlotés, ne dit-on pas bichonnés, se prélassaient dans les cabines des Belles de l'époque dans leur rôle de petit compagnon de luxe. Ils étaient aussi prisés que les plus beaux joyaux. D'autres petits chiens, moins chanceux, étaient relégués à fond de cale et chargés de maintenir la population de rats à un niveau supportable pour l'équipage.

« Au large de Madagascar, les pirates attaquèrent un bateau de commerce sur lequel avait pris place une dame d'une grande beauté, accompagnée de ses petites bichonnes adorées : Belle, Bijou et Trésor. Une furieuse bataille s'engagea avec des pirates et une violente tempête se leva, provoquant le naufrage des deux navires. Il n'y eut aucun survivant, excepté les jolies petites chiennes de la Dame et sur le bateau pirate, un méchant petit voyou, appelé Brigand, chasseur de rats de son état.

« Tout ce petit monde arriva à la nage sur les plages de la grande île. Brigand séduisit Belle, Bijou et Trésor et ils eurent plein de petits… cotons. Toujours en bande sous la conduite d'un "chef", ceux-ci étaient futés, rusés, vifs comme l'éclair, mais aussi mignons, fragiles d'apparence, sachant user de la prunelle et abuser de la frimousse. Leurs descendants plurent aux habitants de Tuléar, puis ils colonisèrent toute l'île avant de partir à la conquête de la France, il y a plus de vingt ans. »

Bien que nos petits cotons soient toujours aussi vifs et futés, adorent vivre en bande, que les femelles donnent toujours la préférence au plus voyou des mâles… aucune preuve matérielle n'étaie cette belle histoire.

Nous savons aussi que dès le XVIe siècle les Européens s'étaient installés dans l'île de Madagascar, notamment des colons français. Il est plus que probable qu'ils étaient accompagnés de leurs animaux et, plus particulièrement, de leurs chiens. À l'époque, les bichons étaient à la mode.

Étienne de Flacourt, gouverneur de Fort Dauphin, écrit y avoir observé « quantité de chiens qui sont petits, ont le museau long et les jambes courtes comme des renards (il est vrai que même le coton d'aujourd'hui qui musarde, se faufile, se dissimule et fait mine de chasser peut faire penser à un petit renard). Il y en a quelques-uns qui sont blancs. Ils sont engendrés par des chiens qui sont venus de France et sont restés [...] ils ont les oreilles courtes. »

Au début du XXe siècle, le scientifique Guillaume Grandidier décrit ainsi ses rencontres avec des bandes de chiens à Madagascar : « de pauvres animaux affamés qui errent dans les villages, disputant aux porcs les plus immondes détritus, ou qui s'en vont dans la brousse où ils vivent de leur chasse comme des bêtes sauvages. »

Le coton est bien apparu là-bas. Et il est probable qu'il s'apparente aux bichons, une vieille race française qui, d'une manière ou d'une autre, est arrivée sur l'île de Madagascar et, en se mélangeant à d'autres chiens locaux ou importés, a participé à l'établissement de souches de petits cotons.

Soumis à une longue et rigoureuse sélection naturelle qui a joué son rôle sur quatre siècles (soit 300 à 400 générations !), le coton est un petit chien extrêmement bien adapté aux rudes conditions de vie qu'il avait à affronter. Il est permis de penser qu'ont survécu les souches à poil blanc, long et cotonneux, qui fournissait au chien l'isolation thermique indispensable sous ces climats. Se sont développées également ses aptitudes de survie : éveil, vivacité, rapidité dans la course, vie en meute, etc.

Cette sélection naturelle nous offre aujourd'hui un chien assez extraordinaire :

– extrêmement attractif à l'œil, grâce à sa magnifique fourrure qui, derrière l'aspect esthétique, avait bien sûr sa fonction utilitaire ;

– très vif et intelligent, parfaitement construit et musclé, armes essentielles de sa survie lui permettant la chasse et le chapardage en lui évitant de servir lui-même de pitance. Atouts essentiels aujourd'hui à son adaptation aux divers modes de vie de sa famille humaine ;

– chien qui use et abuse de la séduction et qui connaît exactement les qualités et surtout les faiblesses de ses maîtres, même s'il lui a fallu réapprendre la vie en meute de ses lointains ancêtres, les loups, avec les us et coutumes des rapports au chef ;

– il a une très bonne santé ; effectivement n'ont pu survivre aux siècles de sélection que des souches très robustes.

Madagascar et la France ont eu au cours des siècles écoulés une longue histoire commune qui dure encore de par la présence d'expatriés français sur le sol malgache. Ces Français de Madagascar ont largement contribué à la popularisation de ce petit chien blanc, à la fourrure cotonneuse caractéristique. À tel point que l'une de ses appellations était le « chien des Français ».

> L'exode de Madagascar

Lors de leurs vacances en métropole ou lors de leurs retours définitifs, les Français étaient souvent accompagnés de ces petits chiens qui séduisaient immédiatement ceux qui les rencontraient. Ainsi les petits cotons ont pris l'habitude de débarquer à l'aéroport d'Orly, surtout destinés, dans un premier temps, aux familles et aux amis des expatriés et des coopérants.

Puis, M. Louis Petit, président de la Société canine de Madagascar, a soumis à la FCI un dossier de demande de reconnaissance de la race, avec l'aide de M. Triquet. Ce fut chose faite en 1970, lorsque le premier standard FCI fut publié (n° 283). Cette reconnaissance accentua l'arrivée des cotons en France car ils pouvaient désormais se prévaloir du titre de « pure race ».

Très vite intéressé par ce chien exotique aux qualités remarquables, tant au point de vue de la morphologie que de la résistance physique et du caractère, le Club français du chihuahua et des chiens exotiques en demanda la garde à la fin des années 1970 et il l'exerce depuis avec bonheur et succès.

Le Club fit tout ce qui était en son pouvoir pour promouvoir la race en France et il n'y eut pas de mois où l'on ne parlait pas de ce nouveau venu, non seulement dans la presse spécialisée, mais aussi dans les médias nationaux et à la télévision.

La demande devint importante et fut suivie malheureusement d'un exode encore plus massif de Madagascar. En effet, un petit chien blanc – vendu 200-250 F (30-38 euros) à Tuléar – valait 500 F (76 euros) à l'aéroport de Tananarive et 2 500-5 000 F (381-762 euros) à l'aéroport d'Orly. De nombreux voyageurs, vacanciers, membres d'équipage des compagnies aériennes ramenaient en France un petit coton qui leur « payait le voyage ».

La faune sauvage malgache étant tellement extraordinaire, les autorités malgaches de tutelle avaient d'autres priorités que le coton de Tuléar. Seuls, quelques éleveurs prenaient la peine de souscrire à toutes les formalités liées à l'obtention d'un pedigree. De son côté, privé de moyens et d'appuis, M. Petit ne put jamais organiser convenablement la Société canine de Madagascar.

Dès 1980, le Club français s'inquiéta de cette situation et essaya d'établir des relations privilégiées avec la Société canine de Madagascar afin de préserver des souches valables dans le pays – berceau de la race. Je pus moi-même me rendre sur place en 1987 et en 1990. Air Madagascar essaya, par ailleurs, de réprimer l'exportation

des cotons par ses propres équipages. Mais la situation de l'élevage malgache était déjà désespérée, à cause du départ de presque tous les reproducteurs ressemblant un tant soit peu à un coton de Tuléar. Il a été envisagé de remédier à la situation en fournissant gracieusement à des éleveurs malgaches deux couples de reproducteurs nés en France. Malheureusement, la situation économique s'aggravant, le tourisme diminua et la trace de ces chiens français fut perdue.

Parallèlement, le Club français entreprit une collaboration et une correspondance suivies avec M. Petit, président de la Société canine de Madagascar. Nous souhaitions en effet voir Madagascar interdire l'exportation des chiens sans papiers, mieux contrôler la production des cotons avec pedigree et réglementer la sortie des chiens avec pedigree malgache. Nous pensions que ces mesures obligeraient ceux qui faisaient de l'élevage sauvage (c'était d'ailleurs plus de la collecte ou du ramassage), sans aucun papier et sans aucun contrôle, à régulariser leur situation en produisant des chiens inscrits au Livre des origines de Madagascar. La Société canine de Madagascar aurait ainsi pu maîtriser l'élevage de l'ensemble des cotons en privant les « marginaux » de la seule ressource qu'était l'exportation et, en décidant annuellement de la fraction du cheptel qui pouvait être exportée, elle aurait pu assurer la pérennité de la race sur place après bien des années perdues.

Malheureusement, le ministère de la Production animale et des Eaux et forêts prit bien tard une décision très technocratique (arrêté n° 1796/88 en annexe) qui fut une catastrophe. Cet arrêté réglementait en effet sévèrement l'exportation des chiens à pedigree… mais laissait libre court à l'exportation d'animaux sans papiers. Cette demi-mesure produisit exactement le résultat inverse de celui escompté et finit de dissuader les quelques éleveurs sérieux qui restaient d'entreprendre les démarches nécessaires à l'obtention des pedigrees. Cet accord leur fermait la voie de l'exportation qui avait pratiquement toujours été leur seul débouché. Le départ des derniers cotons de Madagascar en fut accéléré et achevé.

La fin des années 1980 sonna le glas de la production malgache et nous amena à la situation actuelle et à la mise en sommeil même de la Société canine de Madagascar. Ainsi, notre coton de Tuléar se trouve-t-il orphelin, mais il a la chance de posséder une « marraine », la France où il réussit si bien.

Le coton en France

> Ils débarquent à l'aéroport d'Orly...

Tout à fait à l'opposé de ce qui s'est passé à Madagascar, le coton a prospéré en France et est depuis des années l'une des « grandes races » de ce pays. Cette réussite est inscrite d'ailleurs dans le standard de la race (standard FCI n° 283 en annexe) dont la rubrique « bref aperçu historique » commence par : « Introduit en France en 1977... » Oui, même le standard situe le vrai début de la race au moment où il arrive en France.

Ceci dit, la carrière française du coton est loin d'être idyllique. Aujourd'hui, on ne doit la réussite du coton qu'à une poignée de vrais amateurs passionnés et épaulés par le Club, ainsi qu'à la qualité génétique extraordinaire de la race même.

Comme pour beaucoup de races à succès en Europe, la carrière française du coton a été accompagnée de quatre véritables catastrophes. Lorsque, pour quoi que ce soit en ce monde, la demande dépasse très largement l'offre – et cela a été, pendant des années, le cas du coton de Tuléar –, la voie est ouverte aux indélicats, aux fraudeurs, aux contrefacteurs et autres margoulins pour réaliser rapidement des profits illicites.

> Une succession de catastrophes

Si l'on peut aisément comprendre les motivations de ceux – première catastrophe – qui ramassaient dans les villages malgaches tout ce qui ressemblait à un coton et l'expédiait en France ; la vente d'un de ces petits chiens faisait vivre une famille pendant des semaines. En revanche, il est plus difficile de trouver des excuses à l'autre branche de ce réseau qui réceptionnait ces chiens à l'aéroport d'Orly. Non seulement ces personnes acceptaient de « remettre dans le circuit » des chiens malgaches sans aucune caractéristique de coton, mais elles usaient et abusaient du « label » en provenance de Madagascar. Le cheptel français commençait cependant à être conséquent, c'est pourquoi le Club a très vite mis en garde les futurs acheteurs par voie de presse. Mais les trafiquants trouvèrent très vite une première parade et placèrent les « meilleurs » en France. Grâce à d'autres correspondants, ils expédiaient le « déchet » à l'étranger. Ce fut la deuxième catastrophe.

Mais il y eut plus grave encore. Les expéditions malgaches ne suffisant manifestement pas, ils produisirent eux-mêmes des cotons « en provenance de Madagascar », en écumant les refuges pour animaux perdus ou abandonnés et en rebaptisant « coton » toutes leurs trouvailles ; ou encore informés qu'un bichon maltais trop grand était refusé à la confirmation, de même qu'un bichon frisé s'il avait la moindre tache, ils rachetaient à ces éleveurs les « mauvais bichons » et, sous l'estampille Madagascar, recommercialisaient ces chiens.

La troisième catastrophe est sans doute la plus grave de toutes. Les « mauvais » cotons

malgaches ont un bon capital santé dû à la sélection naturelle datant de milliers de générations. En revanche, l'introduction dans la race de « mauvais » bichons s'accompagne de tares génétiques véhiculées par toutes les erreurs commises par la sélection et les mauvais mariages décidés et réalisés par l'homme sur un nombre tout aussi important de générations.

Le succès du « chien anti-stress »

En France, le coton a très vite eu du succès. Son impayable frimousse, la légende de son passé, son exotisme et sa personnalité séduisent beaucoup. Séduire est d'ailleurs ce qu'il sait faire de mieux. Ceux qui cherchent un chien de luxe trouvent rarement en ce petit chien à la fourrure immaculée l'objet de leur désir. Mais si l'on désire un « vrai » chien, on rencontre chez notre ami coton un partenaire à notre mesure qui ne cesse de surprendre tant il peut se comporter en « grand » chien.

Comme nul autre, il sait chasser la monotonie d'un foyer. Constamment à l'écoute de ses maîtres, il démarre au quart de tour toutes les activités que vous pouvez lui proposer. Parfaitement observateur, il sait deviner les moments pour le jeu ou pour les câlins. Si vous avez un passage difficile ou du vague à l'âme, il est toujours présent pour vous assurer de son amour.

S'il est le seul chien du foyer, le coton est généralement sage. Il peut sans problème s'adapter à une vie calme et sédentaire. Il est, par exemple, le ravissement et le réconfort d'une personne âgée.

Le coton de Tuléar peut s'accommoder à tout style de vie et il veut se faire aimer en vous faisant plaisir. Ses qualités physiques et

psychiques l'aident à y réussir à merveille. C'est la clé de son succès.

Le coton de Tuléar dans le monde

> En Belgique et en Suisse

Le succès de ce chien en France a suscité d'abord l'intérêt de nos voisins immédiats. L'un des premiers pays à importer des cotons français a été la Belgique où l'on dénombre aujourd'hui trois élevages avec affixe FCI réellement actifs. Beaucoup de nos chiens ont quitté la France pour la Belgique, puis ont été exportés vers d'autres pays. Certains de ces chiens « provenaient directement de Madagascar ». Néanmoins, nous pouvons raisonnablement qualifier les souches des cotons belges comme exclusivement d'origine française.

La Suisse a été également un pays où le coton a remporté un remarquable succès et l'on y trouve aujourd'hui une dizaine d'éleveurs avec affixe FCI.

> Dans les autres pays

Dans tous les autres pays – Italie, Allemagne, Autriche, Slovénie, Hongrie, République tchèque, Canada, États-Unis, Brésil, Mexique, Japon, etc. –, l'élevage du coton de Tuléar débute et est établi sur des souches provenant de France.

Quant à la Finlande, moins de dix éleveurs y sont présents.

> Des champions « au rabais »

Si de nombreux éleveurs français ont envoyé des chiens de qualité à leurs collègues étrangers, plusieurs éléments ont également contribué à l'exportation d'animaux souvent de niveau insuffisant. La demande très forte en France n'a pas poussé nos éleveurs à faire leur propre publicité chez nos voisins, car soit ils vendaient facilement ici toute leur production, soit leurs chiens étaient achetés en nombre par nos voisins belges, allemands ou suisses.

Le couperet de l'examen de confirmation, dont dépend l'obtention du pedigree en France (et malheureusement aussi les circuits parallèles), qui n'existe pas à l'étranger, a incité certains éleveurs à exporter des chiens qui auraient été déclarés inaptes à la reproduction ici, mais qui obtenaient sans examen un pedigree « export » définitif en tant que chiens destinés à l'étranger.

Ainsi, le petit cheptel de nos voisins et la représentation réduite de cotons en exposition dans leur pays (quand présence il y avait) ont incité leurs juges à beaucoup de mansuétude (il en avait été de même en France au début de la race). C'est pourquoi des sujets un peu « justes » se sont trouvés en possession de divers titres de champion. Une partie de ces champions est malheureusement porteuse de défauts dont le cheptel français s'est débarrassé depuis longtemps (pigmentation insuffisante, dos plats, queues enroulées et portées comme des shih-tzu, fourrures frisées, ou maltaisées, ou très tachées, chiens hors standard de par la taille et le poids, têtes présentant des expressions de bichon de par leur stop marqué, etc.).

Certains voudraient aujourd'hui ériger ces défauts en qualités, au mépris du standard et en faisant valoir comme seule référence les titres de champion obtenus dans tel ou tel pays où le coton est peu connu.

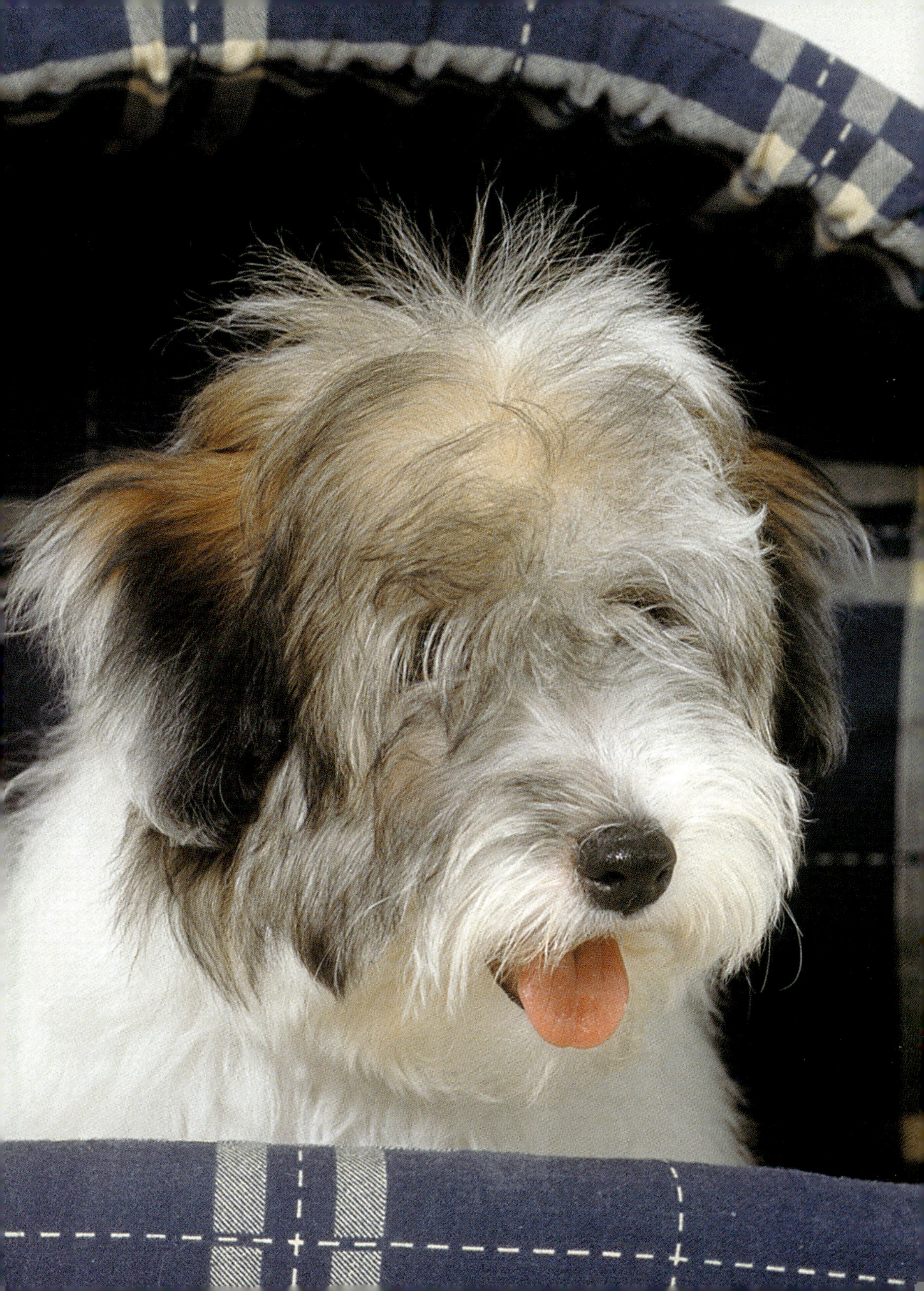

Le standard du coton de Tuléar

Chaque race de chien possède un standard. Il s'agit d'un document officiel qui décrit le parfait spécimen de cette race dans ses moindres détails. Il s'agit bien là de la description d'un type idéal de chien de la race.
Tous les efforts des éleveurs doivent tendre vers ce type idéal qui, comme tout idéal, a peu de chances d'être atteint à 100 %.

Le texte officiel du standard

C'est le Club de race du pays qui élabore le standard et qui le soumet à sa société canine. Celle-ci peut en demander des modifications et elle le transmet ensuite à la FCI. Cette dernière officialise le standard et en assure la diffusion auprès des pays membres de la Fédération. Le standard de chaque race est plus ou moins régulièrement réactualisé, mais toujours sur l'initiative du pays « détenteur » du standard. Le détenteur du standard du coton de Tuléar est Madagascar.

Standard FCI n° 283/04.02.2000/F

Origine : Madagascar.

Patronage : France.

Date de publication du standard d'origine en vigueur : 25 novembre 1999.

Utilisation : chien de compagnie.

Classification FCI :

Groupe 9 Chiens d'agrément et de compagnie.

Section 1.2 Coton de Tuléar.

Sans épreuve de travail.

> Bref aperçu historique

Introduit en France bien avant sa reconnaissance officielle en 1970, ce nouveau venu d'origine malgache a rapidement acquis une place de premier plan parmi les chiens d'agrément de ce pays. Aujourd'hui, il est répandu dans le monde entier.

> Aspect général

Petit chien de compagnie à poil long, de couleur blanche et de texture cotonneuse, aux yeux ronds, foncés et à l'expression vive et intelligente.

> Proportions importantes

– La hauteur au garrot se rapporte à la hauteur du corps comme 2 à 3.

– La longueur de la tête se rapporte à celle du corps comme 2 à 5.

– La longueur du crâne se rapporte à celle du museau comme 9 à 5.

> Comportement/caractère

De caractère gai, stable, très sociable avec les humains et avec ses congénères, il s'adapte parfaitement à tout style de vie. Le caractère du coton de Tuléar est l'une des caractéristiques principales de la race.

> Tête

Courte, vue de dessus : triangulaire.

• Région crânienne

Crâne : vu de face légèrement bombé ; assez large par rapport à sa longueur. Arcades sourcilières peu développées. Léger sillon frontal. Protubérance et crête occipitales peu accentuées. Arcades zygomatiques bien développées.

Stop : peu accentué.

• Région faciale

Truffe : dans le prolongement du chanfrein ; noire, la couleur marron est tolérée ; narines bien ouvertes.

Museau : droit.

Lèvres : fines, tendues, de la couleur de la truffe.

Mâchoires-dents : dents bien alignées ; présentent un articulé en ciseaux, en pince ou un articulé inversé sans perte de contact ; l'absence des PM1 n'est pas pénalisable ; les M3 ne sont pas prises en considération.

Joues : sèches.

Yeux : plutôt ronds, foncés, vifs, bien écartés ; le bord des paupières est pigmenté de noir ou de marron selon la couleur de la truffe.

Oreilles : tombantes, triangulaires, attachées haut sur le crâne, fines à l'extrémité ; portées accolées aux joues, elles atteignent la commissure des lèvres. Recouvertes de poils blancs ou avec quelques traces de couleur gris clair (mélange de poils blancs et de poils noirs donnant un aspect gris clair) ou aubérisé (mélange de poils blancs et de poils fauves donnant un aspect aubérisé).

> Cou

Bien musclé, légèrement galbé. Encolure bien attachée. Rapport encolure/corps : 1/5. Peau bien tendue, sans fanon.

> Corps

Vue d'ensemble : ligne du dessus très légèrement convexe. Chien plus long que haut.
Garrot : peu accentué.
Dos et rein : dos ferme, dessus très légèrement voussé. Rein bien musclé.
Croupe : oblique, courte et musclée.
Poitrine : bien développée, bien descendue au niveau des coudes, longue, côtes bien arrondies.
Ventre : remonté mais pas levretté.

> Queue

Attachée bas, dans l'axe de la colonne vertébrale.
Au repos : descendant en dessous du jarret, l'extrémité étant relevée.
En mouvement : portée « gaiement » (recourbée au-dessus du dos, la pointe dirigée vers la nuque, le garrot, le dos ou le rein). Chez les sujets à fourrure abondante, l'extrémité peut être appuyée sur la région dorso-lombaire.

> Membres antérieurs

Vue d'ensemble : les antérieurs sont d'aplomb.
Épaules et bras : épaule oblique, musclée.
Angle scapulo-huméral : environ 120°. La longueur de l'humérus correspond sensiblement à celle de l'omoplate.
Avant-bras : angle huméro-radial : environ 120° ; avant-bras verticaux et parallèles, bien musclés, avec une bonne ossature ; la longueur de l'avant-bras correspond sensiblement à celle du bras.
Carpe : dans le prolongement de la ligne de l'avant-bras.
Métacarpe : solide ; vu de profil, très légèrement fléchi.

Le corps

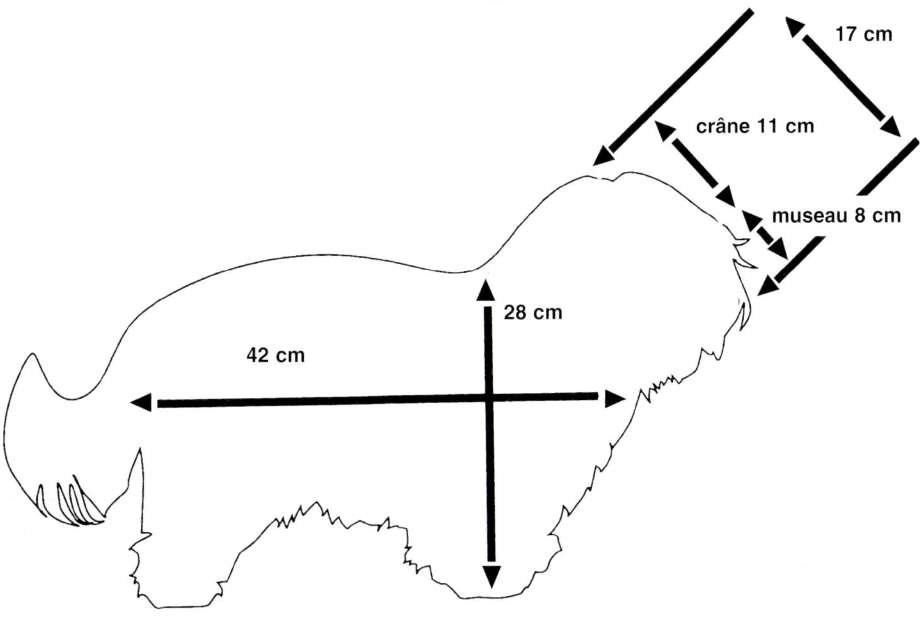

Proportions idéales du mâle.

Pieds antérieurs : petits, de forme ronde ; doigts serrés, cambrés ; coussinets pigmentés.

> Membres postérieurs

Vue d'ensemble : les postérieurs sont d'aplomb. Sans être recherchée, la présence d'ergots n'est pas pénalisée.

Cuisse : fortement musclée ; angle coxo-fémoral d'environ 80 %.

Jambe : oblique, formant avec le fémur un angle d'environ 120°.

Jarret : sec, bien dessiné ; angle du jarret d'environ 160°.

Métatarse : vertical

Pieds postérieurs : petits, de forme ronde ; doigts serrés, cambrés ; coussinets pigmentés.

> Allures

Libres et faciles, sans couvrir beaucoup de terrain ; en action, le dessus reste ferme et le chien ne flotte pas dans ses allures.

> Peau

Fine, bien tendue sur tout le corps ; de couleur rose, elle peut être pigmentée.

> Robe

Poil : c'est l'une des principales caractéristiques de la race puisque son nom même en découle. Très doux et souple, cotonneux, jamais dur ni rêche, le poil est dense, abondant et peut être très légèrement ondulé.

Couleur : couleur de fond : blanche.

Quelques traces de couleur gris clair (mélange de poils blancs et de poils noirs) ou aubérisé (mélange de poils blancs et de poils fauves) sont admises sur les oreilles. De telles traces peuvent être tolérées sur les autres régions du corps, pour autant qu'elles n'altèrent pas l'aspect général de blancheur de la robe ; elles ne sont cependant pas recherchées.

> Taille et poids

Taille pour les mâles : de 26 à 28 cm, tolérance 2 cm en plus et 1 cm en moins ; **pour les femelles :** de 23 cm à 25 cm, tolérance 2 cm en plus et 1 cm en moins.

Poids pour les mâles : de 4 à un maximum de 6 kg ; **pour les femelles :** de 3,5 à un maximum de 5 kg.

> Les défauts

Tout écart par rapport à ce qui précède doit être considéré comme un défaut qui sera pénalisé en fonction de sa gravité.

• Les défauts graves

Crâne : plat ou trop bombé ; crâne étroit.

Museau : disproportion du rapport crâne/chanfrein.

Yeux : clairs, yeux trop en amande ; entropion, ectropion ; yeux proéminents.

Oreilles : trop courtes, insuffisance de la longueur du poil, oreilles rejetées en arrière (en rose).

Cou : trop court, dans les épaules, fluet.

Ligne de dessus : trop voussée, ensellée.

Croupe : horizontale, étroite.

Épaule : droite.

Membres : panards, cagneux, coudes décollés, jarrets trop ouverts ou clos, angulations droites.

Poil : trop court, trop ondulé, bouclé.

Pigmentation : partielle ou trop claire des paupières ou des lèvres ; truffe décolorée, traces de ladre.

• Les défauts éliminatoires

Type général

– Manque de type (insuffisance de caractères ethniques qui fait que l'animal dans son ensemble ne ressemble plus suffisamment à ses congénères de la même race).

– Taille et poids en dehors des limites et tolérances du standard.

– Points particuliers dans le type.

Les aplombs antérieurs

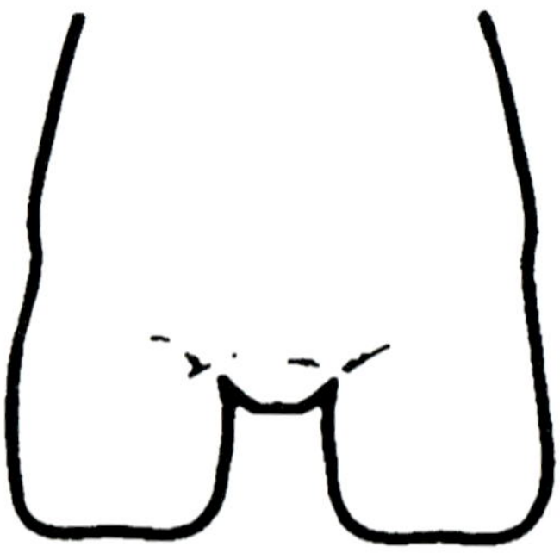

Corrects.

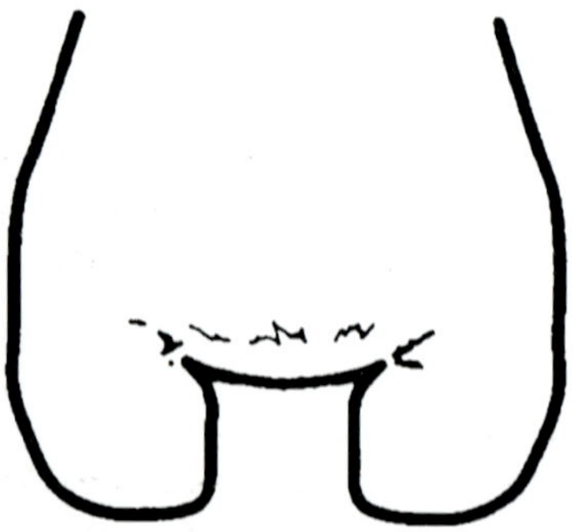

En tonneau.

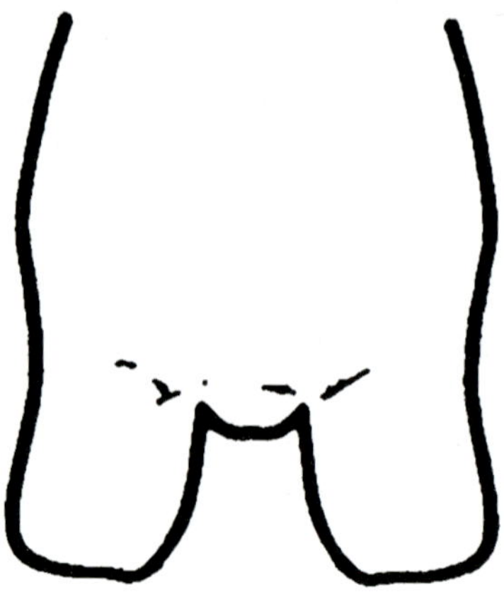

Trop serrés.

– Chanfrein : busqué.
– Yeux : exorbités avec signes de nanisme, trop clairs, yeux vairons.
– Oreilles : dressées ou semi-dressées.
– Queue : n'atteignant pas le jarret ; attachée haut ; enroulée complètement (formant une boucle serrée) ; plaquée sur le dessus ou contre la cuisse ; en chandelle ; anourie.

Robe
– Poil : atypique, frisé, laineux, soyeux.
– Robe : fortement tachée ; toute tache d'un noir franc.
– Pigmentation : absence totale de pigmentation d'une paupière ou de la truffe ou des lèvres.

Anomalies
– Prognathisme supérieur ou inférieur avec perte de contact ; béance verticale des incisives.
– Manque de dents : à l'exception des PM1, les M3 n'étant pas prises en considération.
– Sujet agressif ou extrêmement craintif.

N. B. : les mâles doivent présenter deux testicules d'apparence normale complètement descendus dans le scrotum.

Les commentaires illustrés du standard

> Comportement/caractère

Le caractère gai du coton, précisé par le standard et qui en fait l'une de ses caractéristiques, doit absolument être préservé. Il est, avec sa santé de fer, à l'origine du succès de la race. Il doit en être tenu compte en exposition et en confirmation en pénalisant les sujets trop peureux et surtout ceux qui présentent des signes manifestes d'agressivité envers les hommes, mais aussi envers leurs congénères.

Les aplombs postérieurs

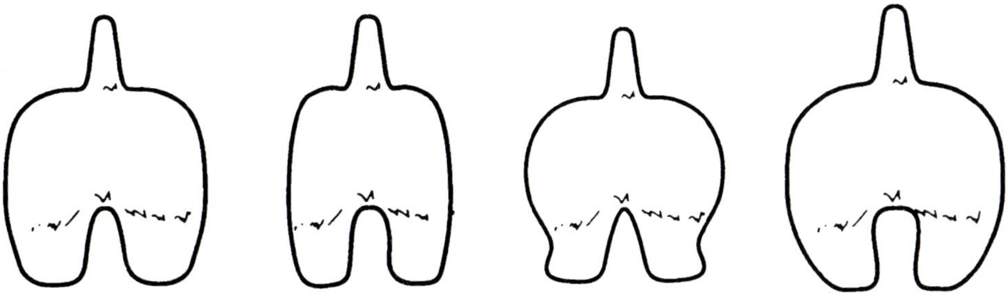

Corrects. **Trop serrés.** **dits « de vache ».** **Arqués.**

La ligne du dos

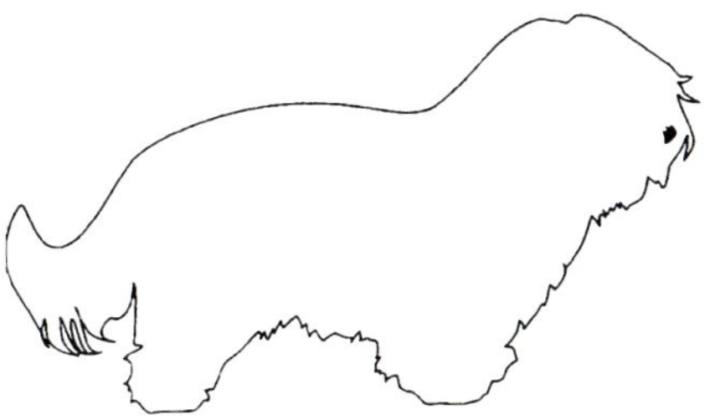

Ligne de dos correcte.

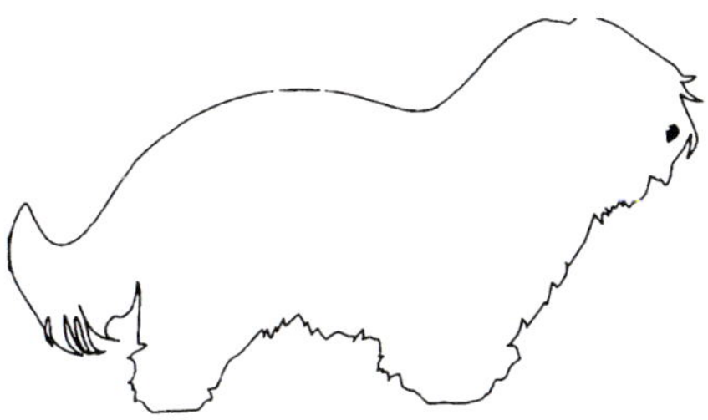

Ligne de dos trop voussée.

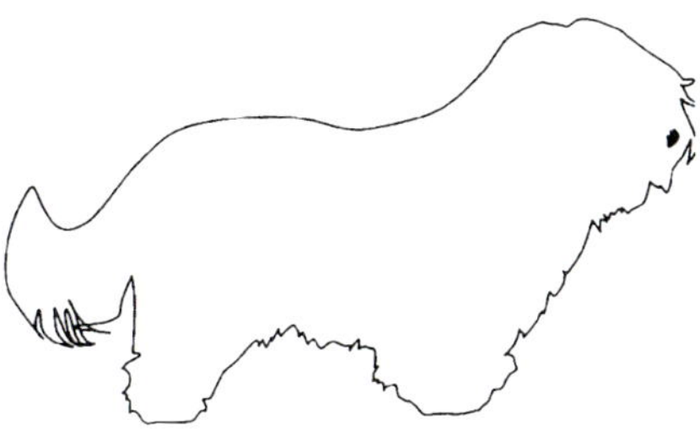

Dos « ensellé ».

> Description d'ensemble

Bien qu'il soit apparenté aux bichons, le coton de Tuléar s'en démarque nettement sur plusieurs points, notamment par son expression. Cette expression est caractérisée par les proportions de sa tête, son stop peu accentué et ses yeux ronds, foncés, vifs, bien écartés et non proéminents.

> Région faciale

De par la finesse de leurs traits, les femelles doivent se distinguer nettement des mâles.

Très souvent, comme dans d'autres races blanches, les pigmentations et surtout celles de la truffe éclaircissent en période hivernale. C'est significatif particulièrement chez certaines femelles. Contrairement aux traces de ladre ces éclaircissements partent du centre de la truffe vers la périphérie qui reste noire et n'ont pas de bords nets, mais dégradés. Pour apprécier le manque de pigmentation d'un sujet, il faut également prendre en compte les autres régions moins soumises aux variations climatiques (paupières, lèvres et coussinets).

> Dents

Le coton de Tuléar est une race du 9e groupe « de compagnie ». Très sagement, le standard ne note pas le manque de dents dans les défauts « graves » ou « éliminatoires ». Ce sujet, qui depuis toujours obsède quantité d'éleveurs (et de juges), est riche de pseudo-certitudes qui ont la vie dure. Nous ne réglerons pas tout ici, mais la position du Club est claire : à qualité égale, il faut privilégier un chien avec une dentition complète.

L'affrontement des mâchoires du coton adulte est « bord à bord ». Les incisives définitives apparaissent en pleine période de croissance (pas toujours simultanée) des deux mâchoires. C'est pourquoi le standard prévoit trois positionnements des incisives. Il n'est ici nullement question d'une seule position avec des tolérances et il n'y a donc aucune raison de pénaliser des articulations « en pince » ou en « ciseaux inversé ». Ce n'est que la perte de contact (dépassant l'épaisseur des incisives), mentionnée dans les défauts graves (mais pas dans les défauts éliminatoires), qui appelle la sanction. Lorsque la perte de contact est importante, et surtout lorsque le positionnement des canines est incorrect pour cause de prognathisme, la pénalisation sera lourde.

> Yeux

Avec le stop, les yeux du coton sont à la base de son « expression ». Leur forme, leur couleur, la pigmentation des paupières qui souligne le regard vif, intelligent, espiègle caractérisent la race et sont à rechercher.

> Oreilles

Le port des oreilles contribue beaucoup à l'expression typique de ce chien. Recouvertes et dissimulées par le poil du crâne, il est indispensable de les palper. Elles doivent être bien plaquées sur les côtés et surtout pas repliées et rejetées en arrière. Il y a lieu également de vérifier leur longueur car nous rencontrons des sujets aux oreilles trop courtes et qui, dans ce cas, ont tendance à s'ériger.

> Dos et rein

Une autre caractéristique du coton est sa ligne de dos très légèrement convexe, avec un dos très légèrement voussé. Il s'agit bien de ligne de dos dans son ensemble et non pas du rein seul qui serait révélateur d'un dos ensellé. Encore un point qui appelle une précision : ce n'est ni « très voussé », ni « voussé », ni « légèrement

voussé », mais « très légèrement voussé ». Il ne s'agit pas de tendre vers un hypertype quelconque. Le dos droit (ou plat) sera considéré comme non recherché (non mentionné dans les défauts), alors que le dos ensellé est un défaut grave.

> Queue

L'attache de la queue du coton est basse et détermine son port, mais aussi la ligne de dessus du chien.

La nouvelle version du standard ne décrit la position du fouet qu'au repos. Il semble donc logique que les cotons soient présentés dans cette position en exposition. Il semble tout aussi logique de les pénaliser si, au repos, elle n'est pas portée de cette façon.

La queue est naturellement relevée à la démarche ou lorsque le chien est en état d'excitation, mais sa position n'est pas décrite directement. On ne peut donc que la déduire en éliminant tout d'abord les positions que le standard considère comme défauts éliminatoires : en chandelle ou enroulée. La pénalisation « ne lève pas la queue » en mouvement devient très hasardeuse.

Et enfin, tout comme en justice où, en plus des lois, il existe une jurisprudence faite de recueils de jugements semblables, qui finissent par « faire office de loi », nous pouvons également de par les versions successives du standard et les jugements des spécialistes retenir que le coton en mouvement « porte la queue gaiement sur le dos ». Or ce terme « gaiement » ou « port gai » est un terme technique décrit avec précision en cynophilie et non pas une vague constatation de l'humeur du moment du chien

> Pieds

La position des pieds des antérieurs (dissimulée par les poils sinon par un toilettage astucieux)

doit être surveillée. Certains chiens indiquent par leurs pieds trois heures moins le quart.

> Allures

Le coton emboîte le pas de certaines petites races avec l'apparition de sujets avec des luxations de la rotule. Sans « jouer au vétérinaire », il faut surveiller et déceler les « changements de pied » au trot ainsi que les petits sauts unilatéraux de l'arrière-train à cette allure. Parfois, cela s'accompagne de manque de poussée ou d'un mouvement du pied qui s'arrête à la verticale de la hanche et qui peut être dissimulé par le « trot raccourci » caractéristique. C'est pourquoi il est souhaitable d'apprécier leurs allures également « au pas ».

> Membres postérieurs

Un nombre considérable de cotons « serre » de l'arrière et présente des jarrets dits « de vache ». Ce défaut toléré dans les débuts de la race doit aujourd'hui être sanctionné et pénalisé (à qualité égale).

> Peau

Nous avons ici une modification significative par rapport au premier standard de la race. Il est désormais admis que la peau soit pigmentée de taches plus ou moins foncées partout sur le corps, alors qu'il s'agissait un défaut auparavant.

> Poil

Le poil du coton a une importance capitale pour cette race puisque même son nom en découle. C'est d'abord un chien blanc, avec quelques tolérances, notamment aux oreilles. Tout écart est à pénaliser jusqu'à l'élimination de la reproduction des sujets dont la robe est fortement tachée de marron ou qui comporterait la moindre tache d'un noir franc.

La texture doit également être cotonneuse, les poils étant légèrement ondulés. Doivent être pénalisées toutes les autres textures (soyeuses, dures, etc.), ainsi qu'un poil bouclé ou frisé. Il paraît évident que l'on ne peut pas juger correctement de la texture sur un poil rasé qui est un motif typique d'ajournement en confirmation.

En ce qui concerne la longueur, il est évident que l'on ne doit pas rechercher systématiquement les très longues fourrures, mais il est tout aussi évident que le coton, sous nos climats et aux soins de ses maîtres et toiletteurs, porte davantage de fourrure que le coton vivant plus ou moins dans la brousse de Madagascar.

Les points de non-confirmation

La confirmation doit être considérée non pas comme la garantie d'appartenance d'un chien à une race donnée (qui est de fait établie par le certificat de naissance), mais comme le droit accordé à un chien inscrit au LOF de reproduire des sujets automatiquement inscrits au LOF.

Bien vivre avec son coton de Tuléar

Comment choisir un chiot

Avant de choisir votre chiot, vous devez réfléchir et vous poser les bonnes questions. N'achetez jamais un chien sur un coup de tête.

Si vous voulez un chien

Si vous n'avez pas déjà eu une expérience et si l'envie vous prend brusquement d'acquérir un chien, réfléchissez plutôt deux fois qu'une aux contraintes que cette décision implique. D'abord sachez que vous vous engagez pour une quinzaine d'années et que votre famille va s'agrandir pour compter un membre supplémentaire et à part entière. Il faudra que vous preniez votre temps pour l'éduquer, pour lui apprendre la propreté, un minimum d'obéissance pour la vie de tous les jours. Il faudra le sortir plusieurs fois par jour, tous les jours. Qu'il pleuve, qu'il vente, qu'il neige..., il faudra l'entretenir, le laver, le nourrir, le soigner. Si vous partez souvent en week-end ou en vacances, avec un chien c'est plus compliqué, il faudra vous organiser. Si vous êtes un maniaque en ce qui concerne votre intérieur ou votre moquette, sachez que surtout au début (si c'est un tout petit bébé qui arrive) il faudra « caser » le chien quelque part. Et sa place ne sera pas sous l'évier. Les chenils débordent de chiens achetés sur un coup de tête, puis abandonnés comme des paquets de linge sale. Si tout cela vous fait hésiter : n'achetez pas de chien.

Si malgré tout vous achetez un chien, ce sera beaucoup de bonheur, mais aussi beaucoup de contraintes. Sachez-le et agissez en connaissance de cause.

Le choix du chiot

> Que voulez vous en faire ?

Il va sans dire qu'avant de choisir une race donnée de chien, vous avez réfléchi à ce que vous vouliez en faire. Si vous voulez un chien pour garder seul votre entrepôt la nuit, si vous voulez un chien pour aller chasser la bécasse ou si vous voulez un chien pour tracter votre traîneau, n'achetez pas un coton de Tuléar !

En revanche, si vous voulez un animal sympathique qui vous tienne compagnie, vous donne toute son affection et vous communique

sa joie de vivre ; si vous avez envie d'un petit chien jamais malade, complice de vos enfants, qui n'encombre pas outre mesure votre appartement, qui peut voyager sans problème en voiture, en train, en avion (et en cabine), il n'y en a qu'un – c'est lui, le coton de Tuléar.

Les trois catégories

Vous pourrez choisir votre compagnon dans trois catégories.

> Le chien dit « d'exposition »

C'est normalement le « top », mais seulement si effectivement vous voulez faire des expositions et de la reproduction. Cela suppose une longue préparation, fastidieuse pour le toilettage et l'éducation du chien d'exposition. Cela suppose des déplacements nombreux et onéreux et la découverte d'un monde à part qui ne se pénètre pas en un jour. C'est ce type de chien qui est le plus cher et difficile à trouver. Il va de soi qu'il réussira son examen de confirmation ; ce ne sera qu'un début et un minimum.

> Le chien de compagnie confirmable

C'est un chien qui ne ferait pas carrière en concours, mais qui est en tout point suffisamment proche du standard de la race pour être confirmé, obtenir un pedigree définitif et avoir officiellement le droit de reproduire.

> Le chien de compagnie non confirmable

C'est encore une fois un vrai coton. Toutefois, il présente des caractéristiques non souhaitées pour la reproduction et sera refusé à la confirmation. Ces caractéristiques indésirables sont appelées « défauts » en langage cynophile. Nous parlons bien ici, de défaut esthétique par rapport au standard de la race. Ainsi, un chien à qui il manque quelques dents, qui a les yeux un peu trop clairs, qui est un peu trop petit ou qui a une queue « enroulée » est refusé à la confirmation pour ce « défaut ». Personne, excepté un spécialiste de la race, ne pourra voir ce « défaut » sur le chien qui, par ailleurs, possédera toutes les autres caractéristiques de sa race.

Les éléments du choix

Vous avez bien réfléchi et vous avez décidé d'acheter un coton de Tuléar. C'est un excellent choix, vous ne le regretterez pas si vous respectez quelques règles élémentaires.

> Prendre son temps

Vous partez pour une vie commune de dix, douze, quinze années, voire plus. Mettez toutes les chances de votre côté dès le départ. Après, il sera trop tard.

> Un chien avec pedigree

Puisque vous avez choisi un coton de Tuléar, prenez-en un vrai. Un chien inscrit au Livre des origines français (LOF). Cela veut dire que les deux parents ont un pedigree définitif et qu'ils ont légalement le droit de « produire » des cotons. Vous acquerrez le chien qui correspond exactement à celui que vous désiriez. Ne vous laissez pas entraîner dans les histoires de chiens sans papiers, prétendument de pure race ou en provenance directe de Madagascar, que sont prêts à vous proposer les margoulins. Si vous voulez un coton, prenez-le avec pedigree. Sinon, adoptez un chien de la SPA !

> Bien se renseigner

Avant de choisir le chiot, essayez d'aller visiter plusieurs élevages. Vous pouvez vous procurer la liste des naissances auprès de la Société centrale canine et demander conseil au club de race, consultez les petites annonces de la presse spécialisée.

Chez l'éleveur, demandez également à voir et à caresser les parents, ou au moins la mère. Si l'éleveur refuse, prudence !

Votre petit compagnon a toutes les chances de ressembler à sa maman et d'avoir son caractère. Voyez également comment sont élevés les chiots, s'ils connaissent bien leur éleveur, s'ils sont à l'aise. À partir de 4 semaines, le chiot a un grand besoin de contact avec les hommes. Avec celui qui les a fait naître d'abord, puis les autres. Il doit s'imprégner du fait qu'il appartient non seulement à la gent canine mais aussi qu'il va vivre avec la gent humaine. Sinon, si votre chiot a été élevé en « batterie » comme les poulets, les pires catastrophes vous attendent. Voilà pourquoi il est dangereux d'acheter un chien dans une boutique ou une animalerie. Vous n'aurez pas pu vérifier ce genre de renseignements vous-même et prendriez des risques. Faites en sorte d'effectuer ces visites avant que le chiot ne soit prêt à partir car, si une boule de poils vous regarde d'un œil de velours, vous craquerez pour le premier chiot que vous verrez (et ce sera pire si cette boule est dans les bras de votre enfant)…

> Les conseils de l'éleveur

Votre choix pourra être fixé après quelques visites, si l'éleveur vous paraît sérieux, si ses chiens lui sont attachés, s'il ne vous vend pas un objet mais s'il s'intéresse à la vie que vous

allez faire mener à son « bébé ». Il doit être en mesure de vous conseiller sur tel ou tel chiot de la portée, en fonction de ce que vous voulez en faire. Vous êtes adulte et responsable, jaugez les affirmations de l'éleveur. S'il vous vend par exemple un chien « magnifique » pour faire des expositions, pour être un champion et que cet éleveur n'a aucun champion et ne fréquente jamais les expositions, pouvez-vous croire son affirmation ?

Autre piège à éviter également : les différents titres qu'ont pu obtenir les parents. Si l'éleveur vous dit (et vous prouve) que le papa ou la maman de votre futur chiot a obtenu le premier prix à tel endroit, cela peut ne rien vouloir dire. Il y a en France plus de 150 concours canins par an. Certains de ces concours n'accueillent parfois qu'un seul coton (lorsqu'il y en a…). Un premier prix ne veut strictement rien dire. En revanche, il existe des concours où les meilleurs chiens sont présents ; une 4e place est significative. Si l'éleveur veut se baser sur des résultats d'exposition pour justifier le prix élevé de son chiot, il y a une échelle des valeurs à respecter :

– le titre le plus difficile à obtenir dans le monde, à savoir celui de Champion de France ;

– un nombre élevé d'étoiles sur la grille de sélection (de 1* à 6*) obtenu par les deux parents du chiot ;

– le classement des parents en exposition Nationale d'élevage.

Hors ces trois éléments, les titres sont plus subjectifs.

> Laissez parler son cœur

Voilà, vous avez décidé d'avoir un chien, vous avez choisi l'éleveur sérieux et à qui vous faites confiance ; vous avez également choisi la portée puisque vous avez vu au moins la maman. Quel chiot prendre maintenant ? Laissez enfin parler votre cœur. Vous choisissez le chiot, mais le chiot

vous choisit aussi. Toute mon expérience montre que le choix du cœur est le meilleur, à condition qu'il n'intervienne pas trop tôt. L'écart de prix est dû aux origines plus ou moins prestigieuses d'une part, et à l'aspect morphologique du chiot, d'autre part. Souvent les éleveurs expliquent ces différences par les termes « chien de compagnie » ou « chien d'exposition ». Néanmoins, comme on l'a vu précédemment, chien d'exposition ne doit pas vouloir dire « chien pouvant participer aux expositions », tous le peuvent, mais « chien pouvant bien se classer, voire gagner en exposition ».

Les papiers du chiot

Le jour de la vente, l'éleveur doit vous remettre un certain nombre de papiers, en plus du chiot.

> La carte de tatouage

C'est l'acte de propriété du chien, l'équivalent de la carte grise pour les véhicules. Tous les chiens tatoués l'ont, qu'ils soient de race (inscrits au LOF) ou non.

> Le certificat de vente

Il porte la mention du prix, de la livraison, des garanties sanitaires et obligatoires, d'éventuelles clauses particulières, des noms de votre vétérinaire et de celui de l'éleveur.

> Le carnet de santé

Il y est indiqué les vaccins que le chiot a déjà reçu. Si vous achetez le chien très jeune, il se peut qu'il n'ait reçu que la primovaccination et que vous deviez le faire revacciner très rapidement. En effet, pendant les premières semaines de sa vie votre chiot est protégé contre les principales maladies infectieuses par les anticorps contenus dans le lait maternel. Il est conseillé de le vacciner une première fois à 8 semaines, mais il se peut que les anticorps qui le protègent encore rejettent cette première piqûre. C'est pourquoi on répète les vaccins quelques semaines plus tard.

Le chiot est vacciné le plus souvent contre la maladie de Carré (C.), l'hépatite virale (H.), la leptospirose (L.) et la parvovirose (P.). Il peut l'être également contre la toux de chenil. Ces maladies sont très contagieuses et peuvent laisser de très graves séquelles. C'est pourquoi il est fortement déconseillé de mettre le chiot en contact avec d'autres animaux ou de le promener dans les endroits fréquentés par ses congénères, avant d'avoir laissé s'écouler un délai d'au moins 8 jours après la deuxième vaccination.

À partir de 3 mois, votre chien doit être vacciné contre la rage.

> Le certificat de naissance (pedigree provisoire)

Si vous achetez assez tôt votre chiot, il se peut que ce document, émis par la Société centrale canine (SCC), ne soit pas encore en possession de l'éleveur. Dans ce cas, il mentionnera le numéro de dossier SCC sur le certificat de vente et son engagement de vous l'adresser dès qu'il lui sera parvenu.

> Le standard de la race

C'est le descriptif officiel du coton de Tuléar idéal. Il faut savoir que le chien idéal n'existe pas, mais les efforts des éleveurs tendent à s'en rapprocher le plus possible.

> Une notice d'élevage

Elle résume les conseils de votre éleveur en ce qui concerne votre chien (alimentation, vermifuges, vaccins, éducation, etc.).

Enfin, un éleveur consciencieux vous remettra de la nourriture que votre chiot a l'habitude de manger, afin que vous ne soyez pas démuni et que vous puissiez avoir le temps d'en acheter.

L'arrivée dans sa nouvelle famille

Vous êtes un monstre, pour votre chien. Il vit au ras du sol et à ses yeux, vous êtes immense. Que feriez-vous si un animal, grand comme une tour vous saisissait, vous élevait à une vitesse prodigieuse vers les nuages pour vous souffler très fort dessus une odeur bizarre ? C'est exactement ce que ressent votre chien quand vous le prenez brusquement dans vos bras. Et c'est ce qu'il ressentira si, arrivé à la maison, il passe de bras en bras.

Mais avant d'arriver à la maison, il a déjà subi d'autres stress. Sans parler de la séparation d'avec les siens.

La voiture tout d'abord. Si vous avez pu le promener un bon petit moment avant de monter en voiture, c'est en partie gagné, car fatigué, il s'endormira vite et un chien qui dort ne vomit pas… Installez-le calmement sur le siège (de façon qu'il puisse entrevoir l'extérieur), ou confiez-le aux bras d'un passager. Adaptez votre conduite à ce premier voyage car conduite brusque peut vouloir dire mal des transports et vomissements. S'il ne vomit pas, mais bave énormément, c'est qu'il a peur.

À la maison, évitez les cris de joie, le bruit, le passage de bras en bras… Posez-le par terre, installez-lui une gamelle d'eau et un journal (W.-C.) et laissez-le découvrir son nouvel univers.

L'endroit choisi par un animal pour dormir n'est jamais le fait du hasard. C'est souvent un endroit sans courants d'air, avec un toit protecteur et d'où le chien peut bien voir ce qui se passe aux alentours. Votre chiot, après promenade, voyage et découverte de sa nouvelle maison va se choisir cet endroit. Installez-y alors son panier. Il ne sert à rien de se battre avec lui pour lui imposer un autre lieu, vous aurez du mal. Mais si une pièce interdite doit persister dans la maison, ne lui en laissez pas l'accès, car c'est celle-là qu'il risque de choisir d'office.

Non, il a le choix à l'intérieur de ce que vous lui destinez.

N'oubliez surtout pas que c'est un tout petit chiot qui vient de perdre d'un seul coup tous les êtres qu'il aimait et tous ses repères. Il est dans un environnement étrange où les odeurs et les bruits sont encore plus bizarres. Il ne se sent pas en sécurité, tellement d'événements désagréables viennent se produire (séparation, vaccins, tatouage, voiture…). Il est normal qu'il ait le « bourdon » pendant quelques jours, même qu'il refuse toute nourriture.

Mais il est aussi plein de vie et de malice. Et malgré son gros chagrin, sa tête continue à fonctionner. Il vous jauge, l'un après l'autre. Il essaie de déceler vos intentions à son égard et se prépare à prendre « sa part de gâteau », aussi grosse que possible.

Dès qu'il sera rassuré sur son sort et sur le manque de dangers obscurs dans son nouvel environnement, il voudra s'y ancrer. Avec ses armes : la séduction. Si un membre de la famille émet quelques réserves à son encontre, il le ressentira comme pouvant compromettre son intégration dans la famille et cette personne qu'il essaiera de séduire d'abord. Les autres, semblant déjà acquis, pourront attendre. C'est parfois une source de désappointement pour les enfants qui voudraient qu'il soit leur chien. Cela viendra, dès qu'il aura emballé ceux qui lui résistent, mais à condition toutefois qu'ils le respectent et ne le maltraitent pas.

L'éducation du coton de Tuléar

Combien voyons-nous de maîtres de chiens se bagarrer avec leurs animaux, véritables petites teignes qui leur empoisonnent la vie ? Quand cela ne va pas jusqu'au drame de chiens fugueurs, mordeurs, etc., et qui mènent quelques-uns vers l'euthanasie ou l'abandon. Or dans 99,9 % des cas, ces attitudes sont dues à une mauvaise éducation ; le maître en est le seul responsable. Ignorance, idées reçues, assimilation de l'instinct du chien au raisonnement humain sont les ennemis d'une bonne éducation de votre toutou.

Les règles d'or à respecter

Si vous aspirez au vrai bonheur avec votre petit compagnon, il faut qu'il soit parfaitement éduqué et intégré dans la communauté humaine ; pour cela, il y a quatre règles d'or à respecter : la hiérarchie, le présent, la sanction positive et la constance de la réaction.

> La hiérarchie

Établissez-la et respectez-la en toutes circonstances. Comme tous les Canidés et, en particulier, comme le loup dont il descend en ligne directe, le chien est un animal social. Il est « programmé ». Dans la nature, il ne survit qu'en groupe, notre petit coton, nous l'avons vu, plus que tout autre ; ce groupe, ou meute, est extrêmement bien structuré. Les comportements et les mimiques des chiens révèlent la hiérarchie du groupe ; les animaux y consacrent beaucoup de temps, c'est pourquoi il vous faut savoir les interpréter.

Sans cette organisation ou dans un cadre mal défini, le chien perd ses repères et devient incontrôlable.

Par ailleurs, « l'ascension sociale » à l'intérieur de la meute (votre famille est la meute de votre chien) n'est réservée qu'à quelques individus prédestinés et dominants, mais seulement après un long apprentissage des us et coutumes qui la régissent.

Dès l'arrivée du chiot dans votre foyer, il est indispensable que vous lui fassiez comprendre

que vous êtes le chef et qu'il y a des règles à respecter. Cela n'empêche en rien les câlins ou les signes d'affection que vous pouvez lui témoigner et dont il a besoin. Venant de son maître, elles n'en prennent que plus de valeur. Mais à l'instar des adultes d'une meute sauvage, soyez très patient à l'égard des chiots. Et n'oubliez jamais qu'à 2-3 mois, votre chiot est un tout petit animal.

Il comprendra cependant très vite que dans sa nouvelle famille, il y a le chef (vous), la compagne ou le compagnon du chef (le chef pouvant être votre épouse, les chiens ne sont pas sexistes et une femelle peut parfaitement être chef de meute). Il peut y avoir éventuellement des enfants du couple dominant qui sont à peine au-dessus de son propre niveau. Quand le chiot aura compris qu'il a sa place dans le groupe, y compris son propre petit chez-lui (une couverture, un panier, etc.) où on le laisse tranquille quoi qu'il arrive, son éducation (l'apprentissage du fonctionnement ordonné de la meute) pourra commencer.

> Le présent

Le chiot qui arrive chez vous a déjà des rudiments d'éducation. Sa mère lui a déjà appris qu'il fallait toujours garder une niche parfaitement propre. Elle a scrupuleusement nettoyé tous ses excréments pendant les premières semaines de sa vie. Probablement au-delà de toute considération hygiénique, mais pour dissimuler toute odeur qui pourrait alerter un prédateur potentiel. Puis, dès l'apparition de ses premières dents, sa mère, ses frères et sœurs lui ont appris à contrôler l'intensité de sa morsure. On peut jouer, certes, mais si on mord trop fort, on est immédiatement sanctionné. Action = réaction ; action exagérée = réaction appropriée. Ce sont les deux premières inhibitions ou leçons qu'il a reçues. L'éleveur lui a peut-être déjà inculqué d'autres notions, telles que la propreté, mais c'est fonction de l'âge du chiot.

Tout nous prouve que le chien ne possède qu'une mémoire immédiate en ce qui concerne l'apprentissage. Plus tard, lorsqu'il sera un vieux briscard, vous pourrez compter sur ses « souvenirs ».

Les quelques exemples qui suivent illustrent parfaitement les erreurs que l'on commet le plus souvent :

Si, lorsque vous rentrez chez vous, votre jeune chien a fait une bêtise, vous le grondez ou pire vous le frappez en lui mettant le museau dans son caca (humiliation gratuite car incompréhensible pour lui), que comprend-il ? Tout simplement « lorsqu'il rentre, il me dispute » et la prochaine fois qu'il se retrouvera seul, il va redouter avec angoisse votre retour et, tout comme nous anxieux, il va commettre encore plus de bêtises.

Lorsqu'à l'extérieur, il s'échappe et que vous essayez de le rattraper, il va d'emblée croire que c'est un jeu : il l'a pratiqué avec ses frères et sœurs et c'était d'ailleurs leur jeu favori… et à ce jeu-là, vous ne faites pas le poids, vous ne le rattraperez pas. Si lorsque le jeu a cessé et qu'il revient vers vous, vous le grondez ou vous le frappez, il ne saura pas que c'est parce qu'il s'est sauvé… Non, il comprendra seulement « lorsque je reviens, il me dispute ». Et la prochaine fois, il reviendra encore plus difficilement.

Donc lorsqu'il se sauve, soit vous êtes capable de le rattraper (même un entraînement de rugbyman risque de ne pas suffire) et là, rattrapé et « attrapé sur le fait », vous pourrez le gronder et le punir. Soit vous raisonnez en chien et vous partez dans l'autre sens et ce sera à lui de vous rattraper. Et lorsqu'il l'aura fait et donc lorsqu'il sera revenu,

vous lui ferez la fête. Il comprendra « lorsque je reviens, il me fait la fête » et reviendra toujours volontiers.

Toutefois, cela n'est pas suffisant, car dans ce cas précis vous aurez obtenu qu'après être parti un certain temps il revienne volontiers. Vous n'avez toujours pas les moyens de l'empêcher de partir. Or les tentations de partir en courant sont nombreuses dans la vie de tous les jours : se défouler, chasser un pigeon, courser un chat, aller jouer avec un autre chien… Il faudra pouvoir obtenir plus, le rappel, que nous abordons plus loin.

> La sanction positive

L'une des principales motivations de votre chien est de vous faire plaisir (plaire au chef), car il en découle toujours du plaisir pour lui (un seul « c'est bien mon garçon », dit d'une voix agréable, le transportera de joie). Si, au moment où votre chien commet un acte quelconque, vous le félicitez et vous le récompensez, il comprend immédiatement que cet acte vous fait plaisir, ce qu'il en découle, et il essaiera de le répéter le plus souvent possible. Son action a entraîné une réaction qu'il a comprise et il l'a assimilée.

L'inverse n'est pas souvent vrai. Si vous le grondez lorsqu'il fait pipi sur votre moquette, que peut-il comprendre : « Je n'ai pas le droit de faire pipi sur la moquette ? » Pas sûr, car la moquette n'est pas un facteur significatif pour lui. Non, ce qui est significatif pour lui c'est votre présence et il risque de comprendre « en sa présence il ne veut pas que je fasse pipi ». Il continuera donc à honorer votre moquette, mais en cachette. En revanche, vous pourrez le promener à l'extérieur pendant des heures, il refusera de se soulager en votre présence. Voici l'exemple même d'une mauvaise compréhension d'un apprentissage erroné qu'il est très difficile de corriger.

Le pire qu'il puisse arriver c'est que votre chien ne comprenne rien à votre punition, « parfois il me gronde ou il me frappe sans raison » (le pipi étant une fonction naturelle que sa mère a mis des mois à stimuler en le léchant, donc en le câlinant). Vous devenez quelqu'un qui a une réaction motivée par aucune action, donc un individu bizarre, aux réactions imprévisibles, en qui l'on ne peut avoir confiance.

Sanction positive = apprentissage immédiat et correct.

Sanction négative = risque de mauvaise interprétation, d'apprentissage à l'envers ou d'incompréhension totale.

> La constance

Le chien est un animal qui fonctionne avec logique, routine et conformément aux règles établies (habitudes). Toute nouveauté qui bouleverse ce qui est établi le perturbe profondément. Il fonctionne dans des limites précises et définies dans la meute et dont le chef est le garant. Lorsqu'il tente de s'en écarter, le chef ou d'autres congénères le sanctionnent. Si vous lui fixez des bornes floues ou si vous admettez que parfois il les dépasse sans réaction de votre part, il sera tenté de les dépasser en permanence. Son rôle à lui étant justement de repousser au maximum ces limites pour se tailler l'espace vital le plus grand possible. Il n'acceptera pas facilement qu'on revienne sur ce qu'il a conquis. J'ai l'habitude de dire que les chiens se comportent comme des syndiqués : ils n'admettent pas sans lutter que l'on revienne sur les avantages acquis.

Si lorsque vous mangez à table, votre chien réclame et mendie sa part et qu'après avoir dit non à plusieurs reprises vous finissez par céder en lui donnant quelque chose, vous pensez bien que le « non », il va désormais s'asseoir dessus. Il faudra que vous haussiez le ton, que vous hurliez « non » pour qu'il cesse son manège. Il comprendra donc que quand vous dites non, tant que vous ne hurlez pas, ça ne porte pas à conséquence et si un jour votre voix faiblit ou que vous avez une extinction de voix… Lorsque vous aurez dit non, d'un ton ferme, mais sans hausser la voix, il faudra que ce soit définitif sans jamais y déroger. Sinon, convaincu que vos réactions sont indécises, il tentera en permanence de dépasser les limites établies en remettant sans cesse en cause tout ce que vous lui avez appris pendant des semaines. Pour être un chef de meute, il faut avoir un caractère solide et à toute épreuve. C'est l'exigence des autres membres qui donnent en échange leur confiance. Si le chef n'a pas ce caractère en acier trempé, il ne le sera pas longtemps. Vos faiblesses mettent donc en danger votre place dans la meute !

Conserver la place de chef

À ces quatre règles, on ajoute impérativement une cinquième lorsqu'il s'agit de grands chiens qu'on néglige pour les petits. En effet, son inobservation est dramatique pour les grandes races et peut prêter à sourire pour les petites, voire…

Il se peut que votre chien ait une âme de dominant et qu'un jour il tente de prendre votre place de chef. C'est la règle dans la nature et un chef vieilli ou surtout amoindri par la maladie ou par un accident est vite détrôné. C'est alors un événement capital pour la meute, qui bouleverse le statu quo et aboutit à

tude sera sans équivoque et vous ne vous y tromperez pas. Réagissez immédiatement et même avec brutalité. Grondez-le, attrapez-le à deux mains par la peau du cou des deux côtés des babines et secouez-le. Renversez-le ensuite sur le dos et maintenez-le ainsi jusqu'au moment où il vous fera comprendre qu'il abdique. Puis ignorez-le pendant un bon moment. Il aura fait une tentative, vous l'aurez remis à sa place et il y a de fortes chances pour que le problème soit réglé une fois pour toutes. Si vous ne réagissez pas et laissez passer cet incident avec un dobermann, c'est très grave. Le jour où vous voudrez le faire descendre de votre lit, il grognera et si vous insistez, il mordra ; la place de chef se défend par tous les moyens et votre lit est sa niche, le centre de la meute, son trône.

une période de troubles plus ou moins longue. Les inhibitions tombent, les bagarres éclatent, les morsures peuvent être très graves. Si votre chien prend votre place (et la taille peut jouer un rôle secondaire). Désormais, il mettra toute son énergie à défendre sa place et n'hésitera pas à grogner, voire mordre si c'est nécessaire.

Comment s'en apercevoir ? Comme dans une meute de loups où les lieutenants tentent parfois de tester le chef, prêts à faire preuve d'une extrême soumission s'il réagit de façon habituelle, mais tout aussi prêts à le déposséder de ses prérogatives si psychiquement il ne fait plus le poids, votre chien peut tenter d'agir de même. Vous savez qu'il s'exprime en permanence par ses mimiques, ses postures et sa voix. Il peut grogner ou aboyer. De joie, de peur, pour réclamer quelque chose ou pour vous inviter au jeu. Il peut également grogner et aboyer avec agressivité. Dans ce cas, son atti-

La propreté

Entre 2 et 3 mois, votre chien est un tout petit chiot. Il y a des choses qu'il peut faire et d'autres non. Ses sphincters, comme toute sa musculature, sont encore faibles. Entre le moment où il sent l'envie de faire pipi et le moment où il ne peut pas se retenir, il ne s'écoule que quelques secondes. Pour peu qu'il soit pris par un jeu ou une autre activité intéressante, ce temps se réduit encore.

Pour qu'il apprenne le plus vite possible, il faut que vous soyez prévoyant. Il n'a pas le temps de traverser l'appartement et encore moins de sortir.

> Le truc du papier journal

Le papier journal par terre, dans la pièce où il se trouve, est une bonne solution. Quand vous le verrez poser le nez par terre et chercher où se soulager, prenez-le sans brusquerie et posez-le sur le papier journal. S'il s'exécute au bon

endroit, félicitez-le et changez de journal (les chiots ont horreur de marcher sur leurs excréments ou dans l'urine).

Pour qu'ils prennent cette habitude, répétez l'opération aussi souvent que possible. Un chiot fait ses besoins dès qu'il se réveille, tout de suite après avoir mangé ou après avoir bu et généralement après une séance où il s'est beaucoup dépensé. Guettez ces moments et soyez prêt. Vous pourrez peu à peu laisser le journal dans une pièce (la salle de bains par exemple) plus éloignée. Il s'y rendra.

Quand il pourra sortir, félicitez-le s'il se soulage dans la rue, mais conservez encore quelque temps le journal dans la maison. Certains ont tellement bien « appris » le journal qu'ils se retiennent à l'extérieur. Emmenez un journal avec vous et posez-le lui dans le caniveau. Puis, au bout de quelques jours, oubliez le journal, le caniveau suffira.

> Les bons réflexes

Si le chien a fait ses besoins dans un endroit interdit, n'attachez aucune signification à cet acte, faites mine de rien. Ne nettoyez pas en sa présence. Certains comprennent que cela marque leur maître et s'y laissent aller volontairement, soit pour se venger de quelque chose, soit simplement parce qu'ils attirent ainsi l'attention sur eux. Cabotin vient de cabot et ils sont même prêts à souffrir pour peu que cela vous oblige à vous occuper d'eux.

Lui apprendre à rester seul

Votre chien n'est heureux que si vous êtes avec lui. Chaque départ est un petit drame. Pour le lui rendre supportable, il faut banaliser le problème.

Dès les premiers jours, laissez-le seul plusieurs fois par jour. Quitte à rester près de la porte et à écouter ce qu'il fait (mais il ne faut

pas qu'il vous entende ou qu'il vous sente). Il va sûrement pleurer, aboyer, voire hurler. Si vous revenez à ce moment-là, il comprendra la chose suivante : quand ils m'abandonnent, il suffit de hurler assez longtemps pour les faire revenir et me délivrer ! Si ce réflexe s'installe, vous pourrez dire au revoir à vos gentils voisins. Pendant l'entraînement du « rester seul », armez-vous de patience, même si ses pleurs vous fendent le cœur. Attendez qu'il se fatigue, alors il se calmera et vous profiterez de quelques instants de silence pour rentrer chez vous. Il finira par comprendre que c'est le silence qui vous fait revenir.

Ce premier apprentissage réussi vous évitera que le chien passe des journées entières à hurler, mais ne supprimera pas sa tristesse, voire son angoisse de vous voir partir. Et ces deux sentiments peuvent le pousser à commettre bien des bêtises.

Vous devez faire en sorte que vos départs et vos retours soient des événements tellement mineurs qu'il finira par ne plus y porter une attention excessive. Pas de grandes scènes d'adieu larmoyantes, pas de scènes de folie au retour. Avant de vous absenter, promenez-le et

jouez avec lui. Rentré à la maison, ne repartez pas de suite, passez un moment à l'ignorer. Ainsi, il vaquera à ses affaires. Évitez d'avoir des préparatifs de départ trop longs sous sa surveillance, car il vous suivra dans toutes les pièces et peu à peu sera envahi par l'angoisse. Il faut qu'il ne vous voie que quelques secondes avant le départ, vous lui direz d'une voix neutre de rester sage et refermerez la porte derrière vous. Au retour, ne vous précipitez pas pour lui faire la fête car si le retour est associé à des effusions, il l'attendra avec impatience et sa nervosité grandira. Rentrez chez vous, dites-lui bonjour sur un ton neutre, puis, une dizaine de minutes plus tard, installez-vous, appelez-le et caressez-le.

Vous avez la recette, l'appliquer ne sera pas facile, il ne sera pas du tout d'accord, mais il en va de votre tranquillité.

La marche en laisse

Il a gambadé librement pendant des semaines et tout à coup, le voilà entravé, par le cou. Comme un poulain sauvage sellé et bridé la première fois, il fera cabrioles sur cabrioles pour essayer de se libérer. Un animal privé de mouvement est en danger de mort ! C'est l'instinct de survie qui parle, instinct suprême qu'il faut apaiser. Donc les premières fois que vous lui mettez la laisse, n'essayez pas de le diriger avec. Accroupissez-vous, appelez-le – la laisse ne servant en aucun cas à le traîner, mais à l'empêcher d'aller trop loin.

Mettez-lui par exemple la laisse et le collier pour jouer (sans tenir votre bout), pour manger, etc. Qu'il associe son port à un événement agréable. Passée la période d'adaptation, l'éducation peut commencer.

> Qu'est-ce qu'une laisse ?

Ce n'est pas un harnais pour que votre chien vous traîne dans la rue ou pour que vous le tiriez derrière vous. C'est un moyen de communication entre votre chien et vous et une sécurité tant que vous ne contrôlez pas votre animal complètement.

> L'apprentissage

Le chien doit toujours marcher du même côté. Si vous êtes droitier, laisse et chien du côté gauche (cela laisse votre main droite libre). Si vous êtes gaucher, cela peut être l'inverse, mais si vous pensez faire des concours, votre chien devra marcher à votre gauche.

Hors de question donc qu'il tire sur sa laisse qui doit être détendue à la marche ; s'il la tend, donnez un coup sec accompagné de l'ordre « X, au pied ». Tapez du plat de la main contre votre cuisse en même temps, cela aide la compréhension de l'ordre et suffira par la suite pour lui intimer de rester près de vous. Dès

qu'il se rapproche et que la laisse se détend, félicitez-le. Quand il aura fait quelques pas correctement, faites-lui savoir que vous êtes content. Très vite, il comprendra : « dès que la laisse se tend = réaction désagréable du choc sur mon cou » et « tant que la laisse est détendue, je suis félicité ».

Pour tout apprentissage, il faut éviter de décourager l'élève. Les premières leçons doivent être courtes et se terminer par une réussite. Si nécessaire revenez à quelque chose qu'il sait faire et qu'il réussira. Ainsi, les leçons se terminant toujours bien, il sera disponible et heureux de les commencer !

Le rappel

Au-delà du plaisir d'un chien qui revient immédiatement à votre rappel, sa survie même peut en dépendre dans le monde aujourd'hui. Pensez à la circulation automobile… Il vous faut donc un rappel immédiat. Il vous faut savoir qu'entre 3 et 5 mois, vous êtes absolument tout pour votre coton. Il n'existe que pour vous. À cet âge, lorsque vous le sortez, même sans laisse, il ne s'éloigne jamais trop. Puis, l'assurance venant avec l'âge, il va s'aventurer de plus en plus loin.

> Un ordre clair et ferme

Un peu plus tard, vous trouverez un endroit vaste et grillagé (un parc public de grandes dimensions fera l'affaire), et vous irez vous y promener avec votre chenapan. Lorsqu'il s'éloignera à bonne distance vous l'appellerez par son nom et d'une voix ferme « Bibi au pied ». S'il revient, bien sûr vous le féliciterez, puis vous recommencerez le tout quelques jours plus tard.

> L'instinct grégaire

Un jour, il ne voudra pas revenir. Dans ce cas, partez et cachez-vous dans un endroit où il ne vous voit pas mais d'où vous pourrez le surveiller et hors du chemin par lequel vous êtes venus. Il doit se sentir perdu et abandonné. Très vite, votre chien vous cherchera du regard, puis il commencera à s'affoler. Laissez-le paniquer, le plus longtemps possible, mais sans le perdre de vue. Avant qu'il ne soit hors de portée de votre voix, vous sortirez et répéterez le rappel « Bibi au pied ». Il volera dans vos bras et vous pourrez alors le féliciter. Essayez de répéter l'opération à quelques jours d'intervalle. Essayez car désormais c'est vous qui aurez du mal à échapper à sa surveillance. Il aura assimilé de façon définitive et irréversible (le stimulus ayant été extrêmement puissant) le fait que, lorsque vous dites « Bibi au pied », il faut que séance tenante il revienne vers vous, sinon il est perdu. Et même lorsque, vieux briscard, il ne craindra pratiquement plus rien, il ne pourra se soustraire au réflexe du rappel.

L'entretien du coton de Tuléar

Tout d'abord par hygiène pure car il est désagréable d'avoir un petit compagnon sale, emmêlé, et ne qui ne sent pas bon. Ensuite pour le confort du chien qui, comme nous, est beaucoup plus à l'aise lorsqu'il est propre et entretenu.

Le toilettage

> Un chien facile d'entretien

Vous avez un chien à poil long, de couleur blanche et, si certains vous ont affirmé qu'il ne nécessitait aucun toilettage, avez-vous vraiment pu les croire ? En revanche, il est vrai que son toilettage n'est ni lourd ni fastidieux, mais il demande un certain nombre de précautions.

Ce petit fripon a la particularité d'avoir une fourrure qui « feutre », un peu comme un pull-over qu'on laverait à une température excessive. Parfois, le maître inexpérimenté aura l'impression en coiffant son coton de l'avoir bien démêlé, mais il n'aura que débroussaillé la fourrure en surface et le poil près de la peau va peu à peu s'embrouiller, former des nœuds qui vont se serrer de plus en plus et là, adieu la longue fourrure, l'alternative sera ciseaux ou tondeuse ! Un poil tondu n'aura plus jamais l'aspect vraiment cotonneux du chiot et il faudra parfois attendre une année entière pour reprendre l'aspect de coton.

Ceci n'est qu'un scénario catastrophe que l'entretien correct de votre chien vous permettra de ne jamais connaître.

> Au quotidien

Il est capital que vous intégriez tous les deux (vous et lui) que les séances de toilettage journalier sont des moments de complicité et non de torture. Pour cela une seule règle : la fréquence quotidienne. Si vous vous y soumettez, votre chien ne sera jamais très emmêlé et la séance se passera sans douleur ni misères. De plus, il s'habituera à ces papouillages qui deviendront synonymes de moments privilégiés avec son maître.

Il faut commencer cet apprentissage dès son plus jeune âge, dès l'arrivée du chiot coton dans sa nouvelle maison. Il n'en aura généralement pas besoin le premier jour car, avant son départ, son éleveur l'aura shampooiné et sa fourrure sera impeccable. Mais dès le 2e ou le 3e jour, le brossage et le peignage peuvent commencer.

> Le matériel

Une brosse à dents métalliques montées sur caoutchouc souple. Essayez-la sur vous, elle ne doit ni piquer ni griffer votre cuir chevelu. N'utilisez pas de brosses qui ont des petites boules sur les pointes, elles arrachent trop la fourrure et encore moins l'étrille car elle provoque une altération de la fourrure et rend les extrémités cassantes et abîmées (nous dirions « fourchues » en parlant de nos cheveux).

Tous les peignes ne sont pas à utiliser dès le plus jeune âge, mais au fur et à mesure que la fourrure s'allongera et, surtout, s'épaissira.

> Comment procéder

Tout d'abord, installez-vous confortablement. Équipez-vous d'un tablier ou d'un tissu d'où vous pourrez facilement retirer les poils. N'oubliez pas que votre petit ami doit être confortablement installé aussi.

Commencez par passer la brosse pour dégrossir le poil de « couverture ». Puis peignez le chien avec le peigne aux longues dents très espacées. Ce dernier permet de pénétrer le poil jusqu'à la peau et s'il y a des nœuds, il les accrochera au passage. Ne tirez pas fortement sur ce peigne, posez-le et prenez le peigne moyen. Vous allez « travailler » le nœud de l'extérieur vers l'intérieur afin d'arracher le moins de poil possible. Vous allez effectuer ces opérations sur toutes les parties du corps et parfaire le démêlage avec le peigne fin, appelé peigne à puces. Il permet d'éliminer les derniers et minuscules « germes » de nœuds qui sinon vont faire office de catalyseur pour refaire rapidement un bon gros nœud.

Entre 2 et 4 mois, le peigne à dents moyennes suffira. En effet, le chien n'a pas encore trop d'épaisseur et les dents du peigne moyen pourront pénétrer jusqu'à la peau.

Entre 6 et 9 mois, la fourrure s'épaissit brusquement et considérablement. C'est également vers cet âge-là que les néophytes découvrent la première catastrophe : le chien est complètement noué…

Généralement, vous coiffez depuis quelques mois votre chien et, vu la facilité avec laquelle cela se passe, vous avez tendance à espacer les séances. Et un jour, votre brosse fait comme du surf sur les tapons et même le peigne à grandes dents ne pénètre pas jusqu'à la peau. Vous pouvez vous adresser à un toiletteur professionnel qui, selon l'étendue des dégâts, vous proposera soit un démêlage long et coûteux (il y passera la journée) et le résultat ne sera pas extraordinaire car il arrachera beaucoup de poils ; soit pire encore : la tonte à ras qui ne vous rendra jamais, même un an après, la magnifique texture qu'avait votre chiot…

Cette catastrophe est évitable, si vous ne dérogez pas à l'entretien quotidien, même en vacances.

> Important

Vous allez avoir également un ennemi redoutable pour l'entretien de sa fourrure : la puce. Elle ne passe que très peu de temps sur votre chien et vous ne la verrez que très rarement, sauf lorsque votre chien est complètement infesté de puces. En revanche, sa piqûre provoquera de tels grattages, qu'en très peu de temps une fourrure impeccable et sans nœuds se transformera en véritable champ de « coton ».

Les signes de son passage sont des petits points noirs qui restent dans la fourrure (ses crottes). Les zones de grattage (et de nœuds qui en résultent) seront derrière les oreilles, le long des flancs (où le poil emmêlé formera des petits boudins), sur les pattes arrière et à la base de la queue où le chien va se mordiller.

Une seule solution : prévenir et traiter avec des produits anti-puces réellement efficaces.

Il faut traiter le chien et son environnement (panier, tapis, canapés). Traitez aussi (et surtout) son copain le chat qui est un terrain

privilégié et un moyen de transport idéal pour les puces.

Il existe aussi des peignes dits « démêloirs » qui ont des dents en lame de rasoir. Ils sont à utiliser avec prudence et sur les conseils de votre éleveur ou de votre toiletteur car vous auriez tôt fait de transformer votre adorable coton en magnifique chien nu.

Le shampooing

Il vient obligatoirement après le démêlage.

Vous pourrez laver votre chien aussi souvent que vous le souhaitez à partir du moment où vous utilisez un shampooing adapté et que vous séchez correctement la fourrure du chien.

Les chiens d'exposition sont lavés une ou deux fois par semaine et ce sont quand même eux qui ont les plus belles fourrures. Cependant, il est vrai que si vous coiffez régulièrement votre chien, vous constatez que la poussière s'élimine et le shampooing s'avère moins indispensable. En fonction des conditions de vie, une fréquence mensuelle ou bimensuelle semble raisonnable.

> Le choix du shampooing

Il est capital. Nos shampooings sont à proscrire même s'ils sont dit « doux » ou « de bébé ». Le pH (acidité) de la peau des chiens ne s'accommode absolument pas avec ces produits qui sont trop forts pour eux et provoquent gratouillages et mordillages.

Achetez donc toujours exclusivement des shampooings pour chien. Diluez-les toujours plus que ne le préconise le fabricant sur le mode d'emploi.

Lorsque votre coton est démêlé, installez-le dans la baignoire ou dans le bac à douche. Avec l'eau tiède, mouillez-le abondamment en caressant sa fourrure de la racine vers les extrémités. Mais ne le frictionnez pas comme vos cheveux. Tout le travail de démêlage serait totalement anéanti. En douchant votre chien (en le coiffant avec le jet de la douchette), vous le verrez déjà changer de couleur et la saleté s'en aller. Puis appliquez le shampooing, toujours sans frictionner, en massant la fourrure et sans oublier les pattes, la queue, l'arrière-train, etc.

Il n'aime pas recevoir du shampooing dans les yeux. Protégez-le, en appliquant une main comme la visière d'une casquette.

Notez au passage que les shampooings bleus « spécial chiens blancs » sont souvent plus décapants.

> Le rinçage

Rincez abondamment. Il ne faut pas laisser la moindre trace de shampooing sur la fourrure ou sur la peau. Cela provoquerait des démangeaisons et de nouveaux grattages...

Vous pouvez ensuite appliquer une crème de soins démêlante qui vous aidera lors du séchage. Elles s'utilisent comme des après-shampooings : pose, travail du poil par massage léger toujours de la racine vers les extrémités afin de bien gainer les poils de la fourrure, puis rinçage à nouveau. Jaugez du bout des doigts l'intensité du rinçage. Si vous rincez trop, vous enverrez à l'égout toute cette bonne crème de soins et ne laisserez rien sur la fourrure. Si vous ne rincez pas assez, le poil aura tendance à « plomber » (c'est-à-dire être plus lourd). Mais ce n'est pas une catastrophe.

> Le séchage

Une fois que Mister ou Miss coton est bien ébroué, commencez le séchage. Votre séchoir ne doit être ni trop chaud ni trop près du chien. Ce qui doit sécher votre chien est davantage le volume d'air qu'une température élevée. Le séchage est indispensable car sinon le chien risque de prendre froid. Toutefois ne cherchez pas à sécher « à fond », vous risqueriez de le brûler.

Tout en envoyant l'air tiède sur la fourrure, brossez et peignez le poil. Refaites les mêmes gestes que lors du démêlage. N'oubliez pas les espaces entre les doigts de chaque patte où peuvent facilement se cacher les derniers nœuds. Ceci vous permettra de vérifier qu'il n'ait pas récupéré, lors de ses balades, les fameux « épillets ». Ce sont des brins d'herbe en forme d'épi de blé qui arrivent facilement à traverser la peau et avec leur forme en pointe de harpon ils peuvent pénétrer profondément dans les chairs et remonter jusqu'aux poignets provoquant, bien sûr, des infections.

Séchez bien le ventre et la poitrine, c'est par là que votre coton risque le plus d'attraper froid. Ne le laissez pas non plus séjourner dans une pièce trop froide et ne l'exposez pas aux courants d'air.

> Couper les ongles

Pour une démarche correcte les coussinets doivent être en contact parfait avec le sol. Dégagez-les en coupant tout le poil excédentaire.

Vérifiez la longueur des ongles. Les ongles du coton sont blancs et transparents et donc faciles à couper. Par transparence, vous voyez la matrice rose et la partie blanche, vide, à couper. J'ai pu remarquer que les chiens supportent mieux la pince à crémaillère qui ne leur écrase pas la pulpe et qui permet de couper petit à petit la partie blanche. Si, par accident, vous coupiez un peu trop court, l'ongle saignera.

> Vérifier l'état des oreilles et des dents

Vérifiez également l'intérieur des oreilles. Il ne faut pas laisser le poil envahir le conduit de l'oreille car le manque d'aération provoque un échauffement, voire des otites. Il est facile d'épiler ces poils avec les doigts, le chien ne sent rien. Inutile d'utiliser la pince à épiler, les poils s'arrachent très facilement et la pince risque de le blesser s'il fait un mouvement brusque. Les poils de la périphérie du conduit ne doivent pas être épilés. Votre petit compagnon protesterait immédiatement. Le shampooing peut être aussi l'occasion de contrôler

l'état des dents qui, s'entartrent souvent facilement. Ni les croquettes ni les os n'y peuvent rien, car le chien ronge avec les dents du fond et n'utilise pratiquement jamais les dents de devant. Il existe dans le commerce des dentifrices pour chien, évitez le vôtre dont il ne supportera pas le goût. Les dentifrices pour toutou sont livrés avec un doigtier qui fait office de brosse et sont parfaitement assimilables sans nécessité de rinçage.

> Le résultat

Voilà, la revue d'inspection générale est terminée, votre chien est propre comme un sou neuf et sans nœuds. Vous serez surpris de constater combien il est fier d'être propre.

Lorsqu'un chien de la maison vient d'être toiletté, il parade devant le reste de la meute. Cela énerve certains et ils viennent réclamer le toilettage à leur tour. D'autres ont l'âme plus vagabonde quand il s'agit de shampooing et sont sourds à tout appel.

Le chien d'exposition

Certaines races raflent les Best in Show. Ce sont parfois des chiens dont le poil traîne par terre, tellement leurs fourrures est belles. Ce sont des chiens « graissés », qui ont le poil en « papillotes » ou protégé par des manchons et des pyjamas. Ils vivent constamment en cage, sur des grilles, pour que le poil ne s'emmêle pas. Bien sûr, ils sont isolés de leurs congénères pour ne pas risquer quelques poils dans le jeu. Pour les mêmes raisons, ils sont privés de balades. Leurs seuls exercices sont effectués sur tapis roulant. Les occasions où ils ont vraiment la possibilité de poser leurs pattes par terre se limitent aux rings d'exposition. Bref, ils ont une vie carcérale.

Heureusement, jusqu'à présent, ce n'est pas encore le cas de nos cotons car les juges attachent encore suffisamment d'importance à la construction, à l'expression, à la musculature et au mouvement du chien. Et s'ils prennent en

compte bien sûr la fourrure, la texture « coton » et la couleur de la robe l'emportent sur le volume… Néanmoins, certains semblent s'être lancés dans l'élevage carcéral.

Nos propres « graines de champion » vivent en bande et ont à leur disposition 3 000 m^2 de jardin. Bien sûr, les endroits engazonnés leur semblent moins drôles que ceux touffus avec quelques ronces… Pour les expositions, nous avons une voie médiane qui, pour l'instant, suffit amplement. Ils sont « en graisse », c'est-à-dire lavés et crémés toutes les semaines. Cela évite le brossage et le coiffage quotidiens car le poil du chien ne s'emmêle pas (il faut néanmoins le contrôler). Un poil « sec » casse tandis qu'un poil crémé est nourri sur toute sa longueur par la crème grasse. Pourtant, un shampooing hebdomadaire est contraignant ; la graisse colle la poussière au poil et, au bout de quelques jours, a un effet abrasif. Si vous « graissez », vous devez shampooiner tous les 8 jours.

Selon la nature de chaque poil, la veille de l'exposition ou le jour même il faut faire un shampooing dégraissant. Mais dès le retour de l'exposition, il faut refaire une séance de shampooing de graissage, sans oublier le produit anti-puces car ils en ramènent souvent. Il est impensable de graisser un poil sale car on provoquerait là aussi un phénomène abrasif.

Vous pensez peut-être que nos pauvres chiens d'exposition endurent un calvaire avec tous ces shampooings. Pas du tout. Pour eux, ce sont des moments où l'on s'occupe d'eux. Ils font aussi très bien la différence entre shampooing d'entretien et shampooing d'exposition.

À vous de jouer maintenant. Tout le toilettage doit ressembler à un jeu ou pour le moins être un moment de complicité surtout, si vous l'associez avec une profusion de caresses et quelques friandises.

Soyez sympa avec votre coton, occupez-vous de lui dès son arrivée, surveillez la période des 6-9 mois et ne laissez pas ses poils s'emmêler. C'est un chien à poil long, respectez son intégrité. Si vous ne vous sentez pas le courage de l'entretenir, orientez votre choix sur une race à poil ras. Ce sera mieux pour tout le monde.

La santé du coton de Tuléar

Le coton est l'une des races les plus robustes et les plus saines et s'il a le malheur de tomber malade, il mérite d'être soigné correctement par un vétérinaire. N'essayez pas de le soigner empiriquement. Contentez-vous de le faire vacciner, vermifuger, de prévenir, entretenir et soigner les tout petits bobos.

Les vaccins et les vermifuges

> La vaccination

C'est un acte médical à part entière, qui doit rester du domaine exclusif de votre vétérinaire. Son but est de prévenir les principales maladies infectieuses du chien : maladie de Carré, hépatite contagieuse, leptospirose, gastro-entérite à parvovirus, rage, toux de chenil.

Tout vaccin est un médicament élaboré au terme d'années de recherches et d'essais avant sa mise sur le marché.

Sur toutes les notices d'emploi des vaccins, il est mentionné que « seuls doivent être vaccinés les animaux correctement déparasités et en bonne santé ». C'est donc là que vous intervenez : en vermifugeant le chien quelques jours avant la vaccination ; en informant le vétérinaire des éventuels troubles de santé que traverse ou a traversé votre chien, et qu'il ne percevra pas obligatoirement lors d'un examen de santé banal.

> La vermifugation

Même sous le contrôle de votre vétérinaire, elle reste partiellement de votre domaine. Il s'agit de débarrasser le chien des vers digestifs qui le parasitent et qui peuvent être source de nombreux troubles, parfois très graves. Les vers en cause appartiennent à deux groupes :

– les vers plats, rubanés, appelés ténias ;

– les vers ronds regroupant des espèces de taille et de morphologie différentes, mais dont la section du corps est circulaire.

• Les ténias du chien

Les principales espèces chez le chien sont le *Dipylidium caninum*, différents ténias proprement dits, et l'échinococcose. Si la plupart des espèces sont bien tolérées par l'organisme, le parasitisme par ténias influe sur l'état général du chien et peut être à l'origine de carences importantes (notamment vitaminiques).

• Les vers ronds

Les ascaris, de loin les vers les plus fréquents chez les chiens, bien supportés par l'adulte, ils ont une cible favorite : le chiot, chez qui ils provoquent de gros dégâts. Ils se nourrissent

La vermifugation

Pour les chiots :

– à 15 jours ;

– à 2 mois (avant la primovaccination) ;

– à 3 mois (avant le rappel) ;

– tous les 2 mois jusqu'à l'âge de 1 an.

Pour les adultes :

– de une à deux fois par an.

Pour les femelles gestantes :

– avant la saillie ;

– 2 semaines avant la mise bas ;

– de 3 à 4 semaines après la mise bas ;

– puis tous les 15 jours jusqu'à la séparation des chiots de la chienne.

Les adultes en chenil :

– tous les 2 ou 3 mois.

en absorbant divers nutriments du bol alimentaire (glucose, vitamines) et, lorsqu'ils sont nombreux, entraînent des carences gravement la croissance du chien.

Dans certains cas heureusement rares, ils occasionnent même des perforations de l'intestin. L'évolution de ce parasite dans l'organisme du chien est complexe et pas encore tout à fait connue. Chez le chiot, les larves de ce ver suivent une migration par le foie, le cœur et les poumons, avant de donner des vers adultes dans l'intestin. Abîmant au passage les organes qu'elles traversent, ces larves peuvent provoquer des maladies graves, telles que des affections hépatiques ou des broncho-pneumonies. Généralement, chez l'adulte qui avale des larves, celles-ci s'enkystent, pour finir par mourir. Chez les femelles, les larves sont remises en circulation lors des chaleurs et, pendant la gestation, elles infesteront le fœtus directement dans l'utérus. Elles infesteront également le lait de la chienne.

Les ankylostomes. Ce sont des vers de petite taille (environ 1 cm) qui parasitent l'intestin grêle du chien. Ils se fixent à la muqueuse digestive, s'en nourrissent et prélèvent de grandes quantités de sang. Ils sont à l'origine de troubles digestifs graves, s'accompagnant de diarrhées noirâtres et d'anémie. Cette affection, particulièrement grave chez le chiot et le très jeune chien, sévit surtout dans les collectivités (chenils, meutes). Comme pour les ascaris, les chiots peuvent être infestés dans l'utérus ou par la lactation maternelle.

Les trichures. Ce sont des parasites de petite taille également (4 cm) vivant fixés sur la muqueuse du gros intestin et se nourrissant de tissus et de sang. La gravité de ce parasitisme,

si elle est banale lorsqu'ils sont en petit nombre, devient importante en cas d'infestation (diarrhées sanguinolentes, anémies).

Il appartient à votre vétérinaire de vous conseiller les vermifuges les plus adaptés et les protocoles d'administration, notamment en ce qui concerne les ankylostomes et les trichures.

Pour les vers les plus courants : ascaris, dipylidium et ténia, l'utilisation d'un vermifuge polyvalent est souhaitable.

La vermifugation sera inefficace si le milieu dans lequel vit le chien n'est pas assaini :

– les matières fécales des animaux vermifugés doivent être immédiatement récupérées et détruites car, en même temps que les parasites sont éliminés, ils sont également accompagnés de millions d'œufs non détruits par le vermifuge. Source potentielle de recontamination immédiate ;

– dans les chenils, une désinfection par lavage avec divers désinfectants (eau javellisée ou crésilisée) permettra la destruction des œufs de parasites extrêmement résistants (ascaris, ténias, trichures) ;

– un sol sec, cimenté ou carrelé ne permettra pas la survie ou l'évolution des larves d'ankylostomes.

La réussite de la vermifugation est conditionnée par le choix de l'antiparasitaire, le respect des périodes de traitement et par l'assainissement de l'environnement du chien.

La prévention

Si votre chien a régulièrement de l'eau à sa disposition, si vous lui donnez une nourriture saine, équilibrée et adaptée, s'il est correctement et régulièrement vacciné et vermifugé et toiletté (sans oublier les oreilles, les ongles, les dents et la peau). Vous avez effectué la plus grosse partie de la prévention.

Vous devez essayer de prévenir les accidents (chien qui s'échappe, dangers de la circulation, etc.) et lui assurer un environnement sans danger, lorsqu'il n'est pas sous votre surveillance.

Les chiots, notamment, avalent tout ce qu'ils trouvent : petits objets, morceaux de plastique, de tissu… Ils rongent le bois, les fils électriques, les plantes d'appartement (qui peuvent être source d'empoisonnements graves, voire mortels), tout ce qu'ils peuvent attraper. Si votre chiot est abattu et refuse de s'alimenter, il est peut-être encombré par un corps étranger qu'il aura avalé. Dans tous les cas, ce corps étranger devra être éliminé ; pensez donc à la chirurgie.

Ils aiment donner la chasse aux mouches, mais aussi aux guêpes et aux abeilles. Au-delà des risques de chocs allergiques assez rares, si la guêpe ou l'abeille les pique dans la bouche ou dans la gorge, cela peut être très sérieux. L'œdème provoqué peut comprimer les voies respiratoires et étouffer le chien.

Les chiens, et surtout les chiots, sont sensibles aux courants d'air. Surtout s'ils sont mouillés, il faut absolument qu'ils puissent se réfugier dans un endroit où ils n'y seront pas exposés.

Alerte ! Vite chez votre vétérinaire !

Des milliers de générations qui l'ont précédé, votre coton a hérité un énorme capital santé. Néanmoins, la vie est fragile et sachez reconnaître les signes d'alerte qui doivent vous précipiter chez votre vétérinaire :

– allure générale triste et abattue ;

– diarrhée ou impossibilité de déféquer ;

– écoulements jaunâtres (purulents) des yeux, de la truffe, de la verge, de la vulve ;

– chien qui secoue les oreilles en permanence et/ou qui marche la tête inclinée d'un côté ;

– ballonnement ;

– déshydratation (vous pincez la peau du ventre et le pli tarde à s'effacer), les yeux sont secs, pas de larmes dans les orbites ;

– urines marron ou rougeâtres ;

– température (au repos) en dessous de 38 °C ou au-dessus de 39 °C ;

– pouls (pris au bas de la poitrine, sous le coude gauche) hors de la plage 90-120 pulsations ;

– toux, crachements, vomissements ;

– soif intense ;

– démarche titubante ou paralysie.

Votre chien n'a pas la parole, mais il s'exprime par les signes ci-dessus. Ne le décevez pas. Un seul de ces symptômes peut être grave. Plusieurs réunis, c'est sûrement grave et cela nécessite un traitement immédiat. Péchez par

excès de zèle, cela vaut mieux que de se reprocher ensuite de ne pas l'avoir sauvé à cause de maintes tergiversations.

Votre vieux coton de Tuléar

L'espérance de vie des chiens a beaucoup augmenté grâce aux progrès de la médecine vétérinaire et de l'hygiène de vie que leur assurent leurs maîtres. Il n'est pas exceptionnel de rencontrer des cotons de 15 à 20 ans. Plus votre chien avance en âge, plus il faudra peu à peu s'adapter à la baisse de certaines de ses facultés.

> Les risques d'infection

L'organisme en vieillissant devient plus vulnérable envers les agents infectieux. Contrairement à une idée reçue, une maladie telle que la maladie de Carré peut atteindre un chien âgé. Attention donc à ne pas négliger les rappels de vaccination.

> Son alimentation

Elle devra être mieux adaptée. S'il mange des croquettes, vous pourrez choisir une gamme moins riche en protéines. Si c'est un adepte de la gamelle ménagère, moins de viande, mais de meilleure qualité (viande rouge, blancs de poulet), du fromage blanc.

> Sa digestion

Elle deviendra un peu plus paresseuse. Il sera donc prudent de la stimuler par un apport de légumes verts (riches en fibres).

> Sa dentition

Avec l'âge peuvent apparaître des inflammations (gingivite, alvéolite) qu'il faut combattre. Contrôlez fréquemment la bouche et la dentition de votre chien et faites régulièrement détartrer ses dents.

> Ses reins

C'est le talon d'Achille du chien en général. Une insuffisance rénale chronique est très fréquemment rencontrée chez les chiens à partir de 10-12 ans. Les vieux chiens éliminent encore plus difficilement les déchets de leur métabolisme et, en particulier, l'urée. Les signes d'alerte sont l'haleine fétide, une consommation d'eau et un volume des urines considérablement accrus, des vomissements. Il ne faut dès lors pas tarder à consulter un vétérinaire pour faire faire un bilan sanguin.

> Son cœur

Comme celui de l'homme, son cœur s'use d'autant plus vite qu'il a été mal ou insuffisamment entraîné. Pensez-y et ne négligez pas son exercice physique.

> Son squelette

Il vieillit aussi (arthrose, raideurs articulaires). En cas de douleur articulaire aiguë (le matin au réveil, ou par temps humide), il faudra présenter votre animal à la consultation. Même s'il n'y a vraiment pas de miracle à attendre des diverses thérapies qui pourront être entreprises, les anti-inflammatoires ou d'autres traitements le soulageront efficacement. Cependant, ils ne sont pas sans contre-indications.

> Son dernier voyage

Ce sera dur, mais il faut envisager le jour où votre fidèle compagnon vous quittera. Si ses derniers jours doivent se passer dans la souffrance, il ne faut pas hésiter à avoir recours à l'euthanasie. Il s'agit d'une solution « honorable » pour lui comme pour vous.

L'arrivée d'un nouveau chiot, qui ne remplacera jamais votre vieux compagnon si unique, vous aidera néanmoins à supporter le chagrin.

L'ALIMENTATION DU COTON DE TULÉAR

L'eau, source de vie

La pleine forme de votre chien est nécessaire à son bonheur et au vôtre. Avant de parler d'alimentation et d'exercices, parlons du premier élément vital pour votre chien : l'eau.

La nature a doté votre petit coton d'une santé de fer. Par contre, comme tous ses congénères, il est carnivore et possède un métabolisme très performant, mais qui produit beaucoup de toxines. Ces toxines sont éliminées par un filtre organique : les reins et là se trouve le point faible du chien.

Leur bon fonctionnement nécessite une absorption importante d'eau. Plus le chien boit, plus les toxines sont diluées et plus le travail du filtre est facilité. Or le chien ne réclame pas autant d'eau que de nourriture, sauf quand il a vraiment très soif. Il boit banalement, si l'eau est sous son nez, sinon il n'y pense pas vraiment. La nourriture industrielle qu'il absorbe le plus souvent (et tant mieux) est en plus déshydratée, elle contient nettement moins d'eau qu'une nourriture « traditionnelle » et contribue ainsi à aggraver le problème.

Il vous appartient de vous assurer que votre chien a de l'eau fraîche en permanence à sa disposition 24 heures sur 24. Une seule journée de soif peut provoquer des destructions importantes de cellules rénales et des séquelles irréversibles. Ne l'oubliez jamais.

L'alimentation

Deux possibilités s'offrent à vous : soit vous optez pour une alimentation traditionnelle, dite ménagère, qui vous donnera le plaisir quotidien de mijoter des petits plats pour votre compagnon, soit vous choisissez de lui donner une nourriture industrielle. Il y a une troisième possibilité, mais très mauvaise, qui est de nourrir leurs chiens avec les restes de table.

> La ration ménagère

Avant de parler de la composition, il faudra vous assurer que le chien ingère tous les composants de sa gamelle. S'il a la possibilité d'opérer un tri et de n'en manger qu'une partie, il subira les conséquences parfois funestes des carences alimentaires.

Un chien adulte a besoin d'environ 70-90 g/jour de ration ménagère. Pour sa composition, voir l'encadré ci-dessous.

Vous proposerez cette gamelle à votre chien en deux repas (matin et soir). Si plusieurs jours de suite, il laisse une partie du repas, réduisez la quantité de 10 %. S'il mange tout, augmentez de 10 %. Le coton n'est pas un goinfre, il ne mange que la quantité de nourriture qui lui est nécessaire.

> L'alimentation industrielle

Certains vétérinaires y ont été farouchement opposés pendant des années. Que de fois ne les a-t-on entendus dire que le chien était un carnivore et qu'il devait se nourrir de viande. Dans la nature, les carnivores se nourrissent de leurs proies herbivores ou insectivores. Et que

Gamelle ménagère

		Fréquence	Quantité (par kg de poids)
PROTÉINES	viande rouge en alternance	tous les jours	40 g/kg
	ou viande blanche	tous les jours	40 g/kg
	ou poisson	tous les jours	30 g/kg
	fromage blanc	2 fois par semaine	50 g
	œuf cuit	1 fois par semaine	
	1 jaune d'œuf	1 fois par semaine	
GLUCIDES	riz	tous les jours	20 g/kg
	ou pâtes	tous les jours	20 g/kg
	ou flocons	tous les jours	20 g/kg
LÉGUMES	carottes/épinards	tous les jours	20 g/kg
	ou salades/blettes	en alternance	20 g/kg
	ou céleri/poireaux		20 g/kg
DIVERS	fromage/yaourt	tous les jours	quelques bouchées
	levure de bière	tous les jours	2 comprimés
	calcium	tous les jours	500 mg/kg
	phosphore	tous les jours	400 mg/kg

mange le carnivore tout d'abord ? Le ventre, les abats, les intestins garnis de végétaux à tous les stades de la digestion… Que mange le carnivore également ? Des cadavres, de la viande en putréfaction, bien faisandée et riche en vitamines. D'ailleurs, si votre chien tombe sur un vieil os bien faisandé, ne se précipite-t-il pas pour le déguster avec délice ?

Si vous lui donnez une gamelle dite ménagère avec de la viande et des légumes, que mangera votre chien ? Il va trier la viande, qui est trop riche, d'une part et insuffisante à elle seule pour couvrir tous ses besoins alimentaires, utilisée comme plat unique. Les aliments industriels, en revanche, sont complets et le chien ne peut pas trier. Ils sont élaborés par des spécialistes de la nutrition canine, constamment améliorés par leurs recherches et les progrès faits même en appétence sont énormes. Le côté pratique de cette alimentation n'étant pas à démontrer.

Nourriture industrielle, oui, mais du haut de gamme ! Là, il ne faudra pas hésiter. Vous pourrez donner la quantité prescrite par le fabricant en une fois, s'il s'agit d'alimentation sèche (croquettes), et la laisser en self-service. Si vous optez pour l'alimentation semi-humide (boîtes), administrez-la en deux repas comme la gamelle ménagère. N'oubliez jamais l'eau ; le chien doit y avoir accès en permanence.

> Les période d'exception

Les deux périodes où il faut déroger (si nécessaire) à ces bonnes habitudes alimentaires sont la période de grossesse/allaitement de la chienne (voir paragraphe sur l'élevage) et la période de croissance du chiot (dans les cas extrêmes). Si vous prenez votre chiot à l'âge de

2 mois (l'âge le plus propice), il achèvera sa croissance dans les 4 mois qui suivent et atteindra sa taille (pas son poids) adulte à 6 mois. Cela veut dire qu'en 16-17 semaines, il va effectuer toute sa croissance. En comparaison, la période de croissance d'un enfant dure 16-17 ans. Certains chiots, séparés de leur première famille, refusent systématiquement une nourriture monotone (industrielle) et veulent mieux (manger comme vous), car ils sont parfaitement renseignés par leur nez que dans la nouvelle maison il y a mieux. Généralement, cela se règle en 1 ou 2 jours si vous ne cédez pas. Parfois, cela prend plusieurs semaines, le chiot se contentant de grignoter une croquette par-ci par-là.

La forme physique et mentale

Pour être en forme physiquement, votre chien n'aura pas besoin d'avoir en permanence à sa disposition des hectares d'espace. Deux bonnes promenades par jour (pas seulement des tours de pâté de maisons hygiéniques qui devront de toute façon être plus nombreux) et une ou deux fois par semaine, une grande balade où il pourra s'ébattre et courir suffiront à sa parfaite condition physique. Mais, c'est obligatoire.

Le fait qu'il ait un jardin à sa disposition en permanence ne remplacera pas la nécessité de ces promenades qui participeront à votre propre condition physique.

Si vous n'êtes pas prêt à donner cet exercice minimum à votre chien, il ne sera pas malheureux, loin de là, car ce qui le rend heureux c'est d'être avec vous, mais il ne sera pas en forme. Forme et santé sont indissociables, c'est pourquoi la vaccination, la vermifugation, l'alimentation et le toilettage pour le côté physique, ainsi qu'une solide éducation pour l'épanouissement mental et affectif seront les piliers d'une longue vie commune sans (trop de) mauvaises surprises.

Pour aller plus loin

Les expositions

Les expositions canines sont une compétition. Elles ont pour but de jauger, juger, sélectionner et récompenser les plus beaux chiens. Tout le monde du chien, appelé techniquement « cynophilie », a un but commun : la préservation et l'amélioration des races canines.

Vous ne craignez pas les virus…

Nous voulons tous avoir des beaux et des bons chiens, les expositions permettent de les détecter. Comme toute compétition, il y a des degrés divers et plus le niveau est élevé, plus la concurrence est aiguisée et rude.

Si vous faites un peu de vélo, juste le dimanche en amateur, il ne vous est pas possible de vous inscrire au Tour de France. Et même si vous pouviez le faire, il serait impensable que vous gagniez le Tour terminant en maillot jaune sur les Champs-Élysées. Or en exposition canine, vous pouvez d'emblée vous inscrire en exposition de Championnat de France et même gagner. Acceptez dès lors que ce soit très difficile.

Sauf exception rarissime ou le cas où vous auriez choisi une race tellement rare que vous vous retrouviez seul concurrent, il y a tout de même un certain nombre de règles et de stades à respecter.

> Les qualités de base de votre chien

Il faut qu'il soit morphologiquement très près du standard. C'est un point sur lequel vous ne pourrez pas faire l'impasse. Il est plus que souhaitable que vous ayez acheté un « chien d'exposition » plutôt qu'un chien de compagnie. Il va sans dire que plus l'éleveur qui a opéré ce premier tri a eu lui-même de résultats en exposition plus cette distinction a une chance d'avoir un sens.

> L'expérience de ce genre de compétition

Là encore si vous n'y connaissez rien, si vous n'avez personne pour vous y initier, il faudra bien que vous et votre chien puissiez vous aguerrir. Il faut savoir par quel type d'exposition commencer, comment préparer, toiletter votre chien, etc. Nous avons également vu que

tous les chiens ont des petits défauts. Il se peut que le jour de la compétition votre chien n'ait qu'un seul et unique défaut, mais qu'il se voit comme le nez au milieu de la figure parce que vous, ignare de l'art de la présentation, ne cessez de le mettre en avant. Vous finirez derrière le chien qui aura trois défauts, mais qui ne se seront pas vus. Même si d'aventure vous avez un potentiel de base meilleur que le sien ? Là encore, vous avez une longue période d'apprentissage et d'expérience à acquérir. Votre éleveur peut, en revanche, vous aider à progresser rapidement à condition qu'il ait lui-même cette connaissance et cette expérience.

Les paragraphes qui suivent peuvent vous aider en vous expliquant les règles et les règlements qui sont complexes, à vous de progresser avec de la pratique. Le dernier paragraphe est intitulé « Comment gagner en exposition (ou comment construire la carrière du deuxième chien) ». C'est généralement la règle : on essuie les plâtres et on se forge une solide expérience faite de beaucoup d'échecs et de quelques succès avec un premier chien ce qui nous permet de renverser la situation avec le deuxième.

> La chance

C'est un facteur non négligeable et tout aussi nécessaire.

Comment s'inscrire

La Société centrale canine édite chaque année le calendrier et la liste de toutes les expositions (Nationales, Internationales et Nationales d'Élevage) qui ont lieu en France. Ce calendrier est publié dans les revues spécialisées (*Atout chien, Cynomag*, etc.) et, si vous êtes membre de votre Club de race, dans la revue du Club.

Vous pouvez également vous procurer ce calendrier en écrivant à la Société centrale canine.

La Fédération cynologique internationale publie chaque année le calendrier et la liste de toutes les expositions internationales, dans les revues spécialisées (*Atout chien, Cynomag*, etc.). Vous pouvez également vous le procurer en écrivant directement à la Fédération cynologique internationale. Profitez-en pour demander également les adresses des sociétés canines des pays adhérents.

Lorsque vous serez en possession des calendriers, choisissez les expositions auxquelles vous souhaitez participer.

Votre choix étant fait, quelque 2 mois avant l'exposition, écrivez à la société canine organisatrice pour demander une « feuille d'engagement » de l'exposition choisie (pour la France : la Société canine régionale dont l'adresse est sur le calendrier, pour l'étranger à la société canine du pays). N'oubliez pas de joindre à votre courrier une enveloppe timbrée à votre adresse.

La clôture des engagements a lieu généralement 1 mois avant l'exposition (2 mois pour Longchamp). Remplissez donc consciencieusement la feuille d'engagement après l'avoir lue attentivement, joignez les frais d'inscription, la photocopie du certificat antirabique de votre chien et une enveloppe timbrée à votre adresse et envoyez le tout à l'adresse indiquée sur la feuille. Vous recevrez une confirmation de votre engagement environ 8 jours avant l'exposition.

> La Classe Bébé

En exposition nationale d'élevage, les Classes Bébé (4-6 mois), Benjamin (6-9 mois) et Junior (9-12 mois) peuvent être qualifiées : « très prometteur », « prometteur » ou « assez prometteur ». Les quatre premiers sont classés (1er très prometteur, 2e très prometteur, etc.)

> La Classe Débutant

En exposition nationale ou internationale, la Classe Débutant (9-12 mois) peut se voir attribuer le titre de : « très prometteur », « prometteur » ou « assez prometteur ». Les chiens ne sont pas classés.

> La Classe Jeune

En exposition nationale d'élevage, exposition nationale et exposition internationale, les chiens de la Classe Jeune (12-18 mois) sont classés : « excellent », « très bon », « bon », « assez bon » et « insuffisant ». Les chiens sont

Les classes d'engagement

Selon les expositions et l'âge de votre chien, vous pouvez l'engager dans les classes suivantes :

	Nationale d'élevage	Nationale (CACS)	Internationale (CACIB)
4 mois	Bébé		
6 mois	Benjamin		
9 mois	Junior	Débutant	Débutant
12 mois	Jeune ou Ouverte	Jeune ou Ouverte	Jeune
15 mois	Jeune ou Ouverte ou Champion	Jeune ou Ouverte ou Champion	Jeune ou Ouverte ou Champion
18 mois	Ouverte ou Champion	Ouverte ou Champion	Ouverte ou Champion
7 ans et plus	Ouverte ou Champion ou Vétéran	Ouverte ou Champion ou Vétéran	Ouverte ou Champion ou Vétéran

classés de 1 à 4 mais ne peuvent pas prétendre au CACS/RCACS ni au CACIB/RCACIB.

> La Classe Ouverte

En exposition nationale d'élevage ou exposition nationale, la Classe Ouverte (à partir de 12 mois) peut être classée « excellent », « très bon », « bon », « assez bon » et « insuffisant ». Les chiens sont classés de 1 à 4 et concourent pour le CACS/RCACS.

En exposition internationale, la Classe Ouverte (à partir de 15 mois) a droit aux qualificatifs « excellent », « très bon », « bon », « assez bon » et « insuffisant ». Les chiens sont classés de 1 à 4 et concourent pour le CACS/RCACS et le CACIB/RCACIB (en compétition avec la Classe Champion).

> La Classe Champion

En exposition nationale d'élevage ou exposition nationale, la Classe Champion (à partir de 15 mois) est jugée sous les qualificatifs « excellent », « très bon », « bon », « assez bon » et « insuffisant ». Les chiens sont classés de 1 à 4 et ne concourent pas pour le CACS/RCACS.

En exposition internationale, la Classe Champion (à partir de 15 mois) a droit aux qualificatifs « excellent », « très bon », « bon », « assez bon » et « insuffisant ». Les chiens sont classés de 1 à 4 et ne concourent pas pour le CACS/RCACS, mais ils concourent pour le CACIB/RCACIB (en compétition avec la Classe Ouverte).

> La Classe Vétéran

En exposition nationale d'élevage, exposition nationale et exposition internationale, la Classe Vétéran (7 ans et plus) a droit aux qualificatifs « excellent », « très bon », « bon », « assez bon » et « insuffisant ». Les chiens sont classés de 1 à 4, mais ne peuvent pas prétendre au CACS/RCACS ni au CACIB/RCACIB.

> « Meilleur de race »

Dans toutes les expositions, les vainqueurs mâles et femelles des classes Jeune, Ouverte, Champion et Vétéran concourent pour le titre honorifique « meilleur de race » (Best of Breed ou BOB). Ceux-ci concourent (en ring d'honneur) pour le titre honorifique de « meilleur de groupe » (Best of Group ou BOG – 1 » groupes) et les dix « meilleurs de groupe » pour le titre honorifique « meilleur chien d'exposition » (Best in Show ou BIS).

Les qualificatifs, les récompenses et les titres

> Les qualificatifs

À la fin du jugement, le juge vous remettra obligatoirement : un « carton » ou qualificatif. Ce carton a une signification :

– **excellent (carton rouge) :** il est attribué à un chien qui se rapproche de très près du standard. En parfaite condition physique. Harmonieux et équilibré. Ayant de la classe et de l'allure. La supériorité de ses qualités domine largement ses petites imperfections ;

– **très bon (carton bleu) :** il est attribué à un chien parfaitement typé. En bonne condition physique. Quelques défauts véniels, mais non morphologiques, sont tolérés. Il récompense un chien de qualité ;

– **bon (carton jaune) :** il est attribué à un chien possédant toutes les caractéristiques de la race, mais qui accuse des défauts non rédhibitoires ;

– **assez bon (carton vert) :** il est attribué à un chien suffisamment typé. Sans qualités notoires. Présentant des défauts sérieux ou à un chien en mauvaise condition physique ;

– **insuffisant (pas de couleur définie) :** se passe de commentaire.

En Classe Débutant, ou en Classe Bébé, Benjamin ou Junior en exposition Nationale d'élevage, les cartons ci-dessus ne sont pas attribués. Le chien n'étant pas « terminé », le juge ne pouvant se prononcer. Il sont remplacés par les cartons : « très prometteur », « prometteur », « assez prometteur ». Leur intitulé est suffisamment clair et se passe de commentaire.

> Un « slip » de jugement

Ce sont quelques lignes qui résument le jugement de votre chien et vous donnent davantage de renseignements que le seul carton. Ils sont souvent rédigés en abrégé. Vous trouverez ci-dessous les abréviations le plus souvent utilisées :

EX. = excellent, TB = très bon, B = bon, DCC = dentition complète en ciseaux, AM ou AV = avant-main, AR = arrière-main, ANG = angulation, Y = œil.

> Les récompenses

Si le juge vous a donné un carton « excellent » et qu'il vous a classé 1er en Classe ouverte, il peut vous accorder (ce n'est pas automatique) le CACS (carton blanc, barré de tricolore). Ces quatre lettres signifient Certificat d'aptitude au Championnat de conformité au standard. Un certain nombre de CACS est nécessaire pour obtenir le titre de Champion de France (ou de champion du pays dans lequel vous concourez). Pour être Champion de France il vous faut avoir obtenu trois CACS, mais pas n'importe lesquels.

Si le juge vous a donné un carton « excellent » et qu'il vous a classé 2e en Classe ouverte, il peut vous accorder (ce n'est pas automatique) le RCACS (carton blanc, barré de tricolore). Ces cinq lettres signifient Réserve de Certificat d'aptitude au Championnat de conformité au standard. Cela veut dire que si pour une raison quelconque le chien classé devant vous et qui a obtenu le CACS ne remplissait pas les conditions de son attribution (par exemple s'il était déjà Champion de conformité au standard, ou si son maître avait donné de faux renseignements sur la feuille d'engagement, etc.), c'est le chien classé 2e qui récupérerait automatiquement le CACS.

Si l'exposition est une exposition « internationale », les chiens ayant obtenu le CACS et la RCACS concourent contre les chiens classée 1er « excellent » et 2e « excellent » en classe Champion. Le juge peut accorder au meilleur des quatre (ce n'est pas automatique) le CACIB (carton rouge orné d'une mappemonde). Ces cinq lettres signifient : Certificat d'aptitude au Championnat international de beauté. Il en faut quatre, plus quelques conditions, pour être Champion international de beauté.

Le juge peut accorder au deuxième des quatre (ce n'est pas automatique) le RCACIB (carton rouge orné d'une mappemonde). Ces six lettres signifient : Réserve Certificat d'aptitude au Championnat international de beauté. Il est attribué pour les mêmes raisons que la Réserve de CACS.

> Les titres

Pour le titre de Champion de France de conformité au standard, plus communément désigné « Champion de France » :

– trois CACS, mais pas n'importe lesquels. Un CACS devra être obtenu soit à l'exposition de championnat de Longchamp, soit à l'exposition Nationale d'élevage. Un CACS devra être obtenu en exposition « Spéciale de race ». Un CACS devra être obtenu en exposition internationale ;

– les trois CACS devront être délivrés par trois juges différents ;

– vous pouvez les obtenir dans l'ordre que vous voulez, mais il ne vous reste que 2 ans après l'obtention du CACS de Championnat ou de Nationale d'élevage pour compléter vos trois CACS et homologuer votre titre. Passé ce délai, le CACS de Championnat ou de Nationale d'élevage revient au titulaire du RCACS.

Pour le titre de Champion international de beauté, vous devez obtenir :

– quatre CACIB ;

– les quatre CACIB devront être délivrés par au moins trois juges différents ;

– les quatre CACIB devront être obtenus dans trois pays différents ;

– l'un des CACIB doit être obtenu soit dans le pays du propriétaire, soit dans le pays détenteur du standard de la race ;

– il doit s'être écoulé une période d'au moins 1 an et un jour entre le premier et le dernier CACIB.

Vous pouvez concourir pour d'autres championnats dans d'autres pays. Chaque pays a ses exigences propres pour le titre de Champion (nombre de CACS, nombre de juges différents, durée entre le premier et le dernier, etc.).

Les divers types d'exposition

Il existe plusieurs types d'expositions canines, elles sont organisées par :

– les Sociétés canines régionales : pour toutes les présentations canines, les expositions nationales et les expositions internationales de leur région, sauf pour l'exposition de Championnat de Longchamp ;

– la Société centrale canine pour l'exposition internationale de Championnat de Longchamp ;

– le Club de race pour les expositions régionales d'élevage, l'exposition nationale d'élevage et, en collaboration avec les Sociétés canines régionales, pour les expositions spéciales de race.

Elles n'ont pas toutes la même importance, voici par ordre croissant leur rang :

– les présentations canines donnent droit à un qualificatif ;

– les expositions nationales sont davantage des concours par rapport aux présentations et vous donnent, sous certaines conditions, le CACS et RCACS, récompenses nécessaires pour l'obtention du titre Champion de France de conformité au standard ;

– les expositions internationales qui, comme les expositions nationales, vous donnent la possibilité d'obtention du CACS et RCACS et, en plus, l'obtention du CACIB et RCACIB pour l'obtention du titre de Champion international de beauté. Une seule exposition internationale (Longchamp) est appelée exposition de Championnat de France, nous avons vu pourquoi.

Un certain nombre d'expositions internationales reçoivent l'agrément du Club pour être « spéciales de race ». C'est le club qui décide du jury et l'un des CACS pour l'obtention du titre de champion de France doit être obtenu en spéciale ;

– l'exposition internationale de Longchamp, appelée aussi exposition de championnat. Elle est l'équivalent de l'exposition Nationale d'élevage ;

– l'exposition Nationale d'élevage a lieu une fois par an. Le CACS de cette exposition a la même valeur que le CACS de championnat. Toutefois, grâce à la concurrence et au prestige de cette exposition, le coton de Tuléar qui gagne cette exposition est le grand chien de l'année.

La préparation

Bien des semaines ou des mois avant sa carrière d'exposition, il vous faudra commencer à préparer votre chien. Il va sans dire qu'il sait déjà marcher correctement en laisse, qu'il ne craint pas de se mouvoir en groupe, et que vous entretenez avec soin son précieux pelage.

Vous avez soigné sa condition physique, sa musculature est excellente, il n'est ni trop gros ni trop maigre.

Habituez votre chien à se laisser examiner debout sur une table par des tierces personnes, en se laissant palper sous toutes les coutures, en se laissant ouvrir la bouche et examiner et compter les dents. Vous avez vu au chapitre éducation comment faire pour que ces examens ne soient pas une corvée. Il faudra que le jour J il fasse bonne impression sur le juge et qu'à aucun moment il ne l'indispose en se débattant.

Soignez aussi sa préparation mentale, sortez-le dans des endroits fréquentés, habituez-le à une marche gaie et attentive en cercle (en lui parlant et en l'encourageant), habituez-le, au milieu de cette marche à s'arrêter, à rester debout et à être attentif.

Lorsque vous vous serez inscrit à une exposition, prévoyez à temps le déplacement. À quelle heure commencera l'exposition, combien de temps vous faudra-t-il pour y aller. Prévoyez large, il vaut mieux être en avance.

Faites une liste pour ne rien oublier, c'est-à-dire tout le nécessaire pour le voyage et la journée d'exposition pour le chien et pour vous.

La veille du départ, préparez votre véhicule et muni de votre liste, chargez le tout.

N'oubliez pas de prendre vos papiers d'identité, de l'argent, votre carte d'exposant, une chaise pliante (la journée sera longue), votre casse-croûte, vos cigarettes si vous fumez (vous serez nerveux et on en trouve rarement sur place), une épingle de sécurité pour accrocher votre numéro d'exposant.

Pour votre chien, une cage fermée (genre cage avion en plastique) adaptée à sa taille. Il y voyagera en parfaite sécurité et s'il pleut le jour de l'exposition – le chemin peut être long entre le parking et le hall d'exposition –, votre merveille blanche ne sera pas transformée en serpillière. Ses papiers : la photocopie du pedigree, son carnet de vaccination avec certificat antirabique, un tapis de cage ou un coussin, sa gamelle, une bouteille d'eau, quelques friandises, sa laisse d'exposition et tout le nécessaire de toilettage pour lui refaire une beauté.

Le jour J

Parfois les parkings des expositions ont une capacité insuffisante. Si vous arrivez tard, vous risquez de devoir vous garer très loin. Si vous arrivez tôt, essayez de trouver une place où les retardataires ne peuvent pas vous bloquer. Il arrive souvent qu'ils soient paniqués et abandonnent leur véhicule n'importe comment sans penser à la sortie de ceux qui les ont précédés. Quand, à 18 heures, fatigué d'une journée d'exposition (vous verrez, vous serez « lessivé » physiquement mais aussi nerveusement), vous regagnerez votre véhicule et que vous devrez attendre des heures, le propriétaire du véhicule qui vous bloque et qui fait pendant ce temps-là bombance, vous aurez des envies de meurtre.

> Les formalités

À l'entrée de l'exposition, les chiens subissent un contrôle vétérinaire (vous devrez présenter son carnet de vaccination et son certificat antirabique) qui ralentit considérablement la vitesse du flux d'exposants et de leurs chiens. Le deuxième contrôle est celui des propriétaires, vous devez présenter votre carte d'exposant. Souvent les accompagnateurs en surnombre doivent payer une entrée supplémentaire. Les gens sont aussi extrêmement tendus et nerveux, tout comme leurs chien d'ailleurs. Il vaut donc mieux que votre coton soit dans sa caisse plutôt que dans les pieds des gens ou entre les pattes des molosses énervés.

Dans l'exposition, repérez le secrétariat et allez-y tout de suite. En échange de votre carton d'exposant, vous recevrez le catalogue de l'exposition. Y sont inscrits tous les chiens du concours, par race et par classe. C'est un grand moment pour les habitués car ce n'est que là qu'ils découvrent la concurrence. Beaucoup commencent déjà à râler... Les exposants sont répertoriés en fin de catalogue par ordre alphabétique ; en face de leur nom se trouve le numéro du chien qui est celui de la cage attribuée à votre chien. Vous attacherez ce numéro à votre revers avec l'épingle de sûreté.

> En attendant l'heure

Trouvez votre cage, installez bien votre chien et vos affaires et replongez-vous dans le catalogue. Vérifiez que votre chien est bien inscrit au catalogue dans la bonne classe et éventuellement, retournez au secrétariat pour effectuer les corrections.

Repérez ensuite le ring où vous serez jugé. Généralement en début de catalogue, il y a la

liste des juges et les races qui leur sont attribuées, voire le numéro du ring. Les rings ont des panneaux avec leur numéro et le nom du juge. Parfois, les horaires de passage sont affichés, mais ne rêvez pas, en France nous sommes à la traîne en ce domaine.

Lorsque le juge ou son secrétaire arrivent sur leur ring, interrogez-les sur les horaires de passage, mais ne vous y fiez pas trop. Ayez en permanence un œil sur ce qui s'y passe. Neuf fois sur dix vous ne serez pas appelé et, si vous manquez votre tour, vous ne serez pas jugé et serez venu pour rien.

Pensez en permanence à votre chien. Après l'avoir détendu par un petit tour, remettez-le au repos dans sa cage. S'il a des voisins bruyants, protégez-le de leur regard en emballant sa cage d'une serviette. Le bruit, les aboiements, l'ambiance électrique sont stressants. Si votre chien doit être jugé des heures et des heures après votre arrivée, il faut qu'il se soit reposé pour être en forme.

Si c'est votre première (ou l'une des premières) exposition, mettez-vous bien dans la tête que vous êtes venu pour apprendre. Le résultat obtenu par votre chien n'est que secondaire. Et pour apprendre, ouvrez l'œil. Certains fréquentent les expositions depuis des années, ne voient rien, n'apprennent rien. Ils ne font que parler et lorsqu'ils gagnent (rarement), ils ne savent pas pourquoi. Quand ils perdent (le plus souvent), c'est toujours la faute de quelqu'un d'autre.

Observez comment le juge officie, il vous demandera les mêmes choses. Observez comment sont présentés les chiens. Essayez de calquer votre propre présentation sur celle des chiens qui gagnent.

> Sur le ring

Vous avez fait des kilomètres, vous êtes préparés pendant des semaines pour ce moment. N'allez pas tout gâcher maintenant par votre distraction ou par des bavardages avec vos voisins. Quand ce sera votre tour, entrez calmement sur le ring et placez-vous à l'endroit qu'on vous indique (par ordre des numéros). L'entrée du ring franchie, devenez sourd. Concentrez-vous uniquement sur votre chien et sur le juge. Votre chien est « en présentation » pendant tout le temps où il est sur le ring et doit en permanence pouvoir être observé par le juge. Tenez votre place sur le ring, ne soyez ni devant les autres ni en retrait. Peut-être qu'un concurrent essaiera de vous masquer en se mettant devant. Attendez que le juge regarde dans votre direction et demandez poliment à ce concurrent de garder sa place. Essayez d'être aussi calme que possible pour ne pas transmettre de sentiment d'angoisse à votre chien, qui n'a pas lieu d'être car vous êtes en apprentissage et le résultat est sans importance.

Dès que le juge s'adresse à vous, écoutez bien ce qu'il vous demande et faites cela et rien d'autre. Soyez discret et correct, tant au point de vue vestimentaire que dans vos gestes et vos paroles. Tout ce que vous pourrez dire dessert le chien, contentez-vous de répondre aux éventuelles questions du juge clairement et brièvement.

Recevez le jugement avec calme, remerciez, demandez si vous pouvez partir.

Dès que vous serez autorisé à sortir du ring, faites-le en faisant de grandes fêtes à votre chien. La prochaine fois, il attendra ce moment privilégié avec plaisir et sera donc éveillé et gai sur le ring. Plus vous réussirez à lui faire prendre goût aux expositions, plus il aimera y participer et automatiquement il se classera mieux.

Après la présentation, n'oubliez pas : fêtes au chien, donnez-lui à boire, faites lui faire une promenade pour ses besoins. Consacrez un quart d'heure à son bonheur. Il faut qu'il garde un excellent souvenir de cette journée.

Votre propre apprentissage doit s'orienter vers ce que vous souhaitez obtenir en exposition.

Si vous souhaitez perdre, écoutez les rengaines et les ragots des perdants. Ils calomnient le monde entier : l'incompétence du juge, la perfidie du concurrent qui a gagné, parlent de magouille, de favoritisme, etc. Demandez-leur s'il y a un exposition où ils ont gagné. Si oui, comme par enchantement, à celle-là tout était parfait, le juge honnête, etc.

Ce genre de personnage est toujours ravi de dégoûter les autres ; en revanche, lui court les expositions, car s'il a réussi à décourager beaucoup de concurrents, il pourrait lui arriver de gagner…

Si vous souhaitez gagner, ne perdez pas de temps avec les râleurs, rapprochez-vous des gagnants, glanez des informations de leur part. Ils sont généralement ravis de transmettre leur savoir et leur expérience.

En résumé, cette première journée aura été fatigante et riche en enseignements pour vous (en fonction de votre choix quant à vos interlocuteurs) et très joyeuse et positive pour votre toutou.

Comment gagner en exposition (ou comment construire la carrière du deuxième chien)

Le sous-titre n'est pas anodin. C'est même la règle. Si par chance, on arrive à faire une petite carrière à son premier chien, ce n'est qu'avec le deuxième que l'on obtient vraiment des résultats significatifs. L'apprentissage de base dure plusieurs années et ne se termine jamais réellement.

Vous aurez deux maîtres d'apprentissage : vos propres erreurs – et elles seront nombreuses – et, avec un peu de chance, les amis que vous vous ferez et qui auront plus de « bouteille » que vous. Les éleveurs de votre propre race seront de bon conseil dans vos débuts, mais attention, lorsque vous deviendrez un concurrent sérieux, ils ne vous feront plus de cadeau. Essayez de vous lier d'amitié avec un éleveur qui est « au sommet », mais dans une autre race. Essayez de vous déplacer en exposition avec lui. Cela diminuera vos frais et vous en tirerez beaucoup d'enseignements.

Surtout, ne vous précipitez pas pour l'achat du deuxième chien, allez aussi loin que possible avec le premier, rien ne sert de sauter des étapes ; les erreurs que vous n'auriez pas commises avec le premier, vous les commettriez alors avec le deuxième…

En résumé, et pour simplifier, on peut dire qu'il faut un certain nombre de points pour gagner et voici ce que vous pouvez obtenir :

1-7 points : les qualités morphologiques du chien ;

1-2 points : la préparation du chien (caractère, toilettage, entraînement) ;

1-2 points : le comportement du chien sur le ring ;

1-2 points : la stratégie du maître (choix des expositions, plan de carrière) ;

1-2 points : la chance ;

soit un maximum possible de 15 points.

Vous ne gagnerez pas :

– une petite exposition (CACS) sans un minimum de 9 points ;

– une grande exposition (CACIB) sans un minimum de 10 points ;

– une grande exposition Spéciale sans un minimum de 12 points ;

– une exposition de Championnat sans un minimum de 14 points.

Vous devez être en mesure maintenant de vous procurer un chien qui, de par ses qualités morphologiques, approche le maximum des 7 points. Il est plus facile de l'acheter que de le « produire », car le choix est incomparablement plus vaste. Il est stupide de le laisser partir si vous l'avez produit. Ne vous fixez surtout pas de limite de temps pour le trouver, mais trouvez-le. Ces 7 points potentiels sont de votre ressort, ne les gaspillez pas.

Sont également de votre ressort les 2 points de la préparation du chien et les 2 points du comportement du chien sur le ring. Nous les avons déjà abordés, voyons maintenant les 2 points possibles par la stratégie du maître.

Souvent les gens disent que les juges jugent le bout de laisse (côté du maître), il y a du vrai, mais pas dans le sens calomnieux ou polémique comme certains l'entendent. Au cours des premières années, vous avez appris que si les jugements de l'ensemble des juges sont cohérents, il existe de petites différences. En effet, sauf accident, sur une même classe de disons trente chiens, neuf juges sur dix placeront aux quatre premières places les quatre mêmes chiens. C'est l'ordre de classement des quatre chiens qui peut varier. Ces quatre chiens auront tous de très grandes qualités et quelques petits défauts mineurs et chaque juge aura ses préférences et ses dadas. Tel attachera une importance capitale à l'expression, tel autre à la démarche, à la musculature. Ainsi, en début de carrière, choisissez les expositions où vous avez des chances d'éviter la concurrence des « cracks » du moment, donc les « petites expositions » puis, si possible, les juges qui d'emblée devraient « craquer » pour votre chien. Il n'y a pas lieu d'hésiter sur les distances à parcourir. Si vous avez visé juste, vous vous retrouverez « meilleur de race » et irez en ring d'honneur. Là, vous serez vus par beaucoup d'autres juges qui jugent votre race et vous « jouez gros ». Le juge qui vous a envoyé sur le ring d'honneur change de rôle et de juge devient votre supporter (ou votre détracteur). Il y a de grandes chances qu'il fasse part à ses collègues de son plaisir d'avoir « déniché » ce superbe chien… Si le chien est vraiment correctement préparé et qu'il tient sa place sur le ring d'honneur. On se souviendra de vous positivement. Dans le cas contraire, votre juge se sentira obligé de justifier son choix et il le fera en regrettant de n'avoir pas eu à juger ce jour-là des chiens extraordinaires… et d'avoir désigné pour le ring d'honneur un chien très moyen. On se souviendra aussi de vous, négativement. Si vous collectionnez quelques meilleurs de race, que vous avez fait honneur à votre juge, c'est en partie gagné. Pourquoi ? Mais parce qu'en ring d'honneur c'est votre juge qui est en quelque sorte jugé par ses pairs. Et si plus tard, l'un de ses collègues hésite entre votre chien et un autre, en sachant qu'avec le vôtre il ne se trompera pas, il n'hésitera pas longtemps… Voilà la seule et la plus efficace des influences que vous pouvez avoir sur les juges, celle de forger leur conviction que vous possédez le top du top. Vous êtes prêt pour la cour des grands – les spéciales et les expositions de championnat. Votre chien est devenu un « crack » et il va affronter les autres « cracks ». La stratégie est là. Bon choix des expositions, bon choix des premiers juges, bon choix du moment où votre chien est prêt pour gravir les dernières marches.

Ayant engrangé un maximum de points, il vous faut les points de la chance ! La recette est simple, la chance se saisit. Et en compétition elle se saisit en étant présent. Si vous n'y allez pas, vous ne gagnerez pas. Si vous craignez un concurrent, n'hésitez pas à y aller quand même car ce concurrent peut ne pas être présent et vous aurez laissé passer votre chance…

Enfin, n'oubliez pas que tout au long des marches que vous gravirez vers le succès, vous rencontrerez ceux qui redescendent. Et on redescend vite. On redescend surtout si l'on ne progresse pas aussi vite que la race que l'on possède. Le petit coton qui méritait 7 points pour la morphologie il y a 10 ans, n'en récolterait pas plus de 4 aujourd'hui…

L'ÉLEVAGE DU COTON DE TULÉAR

Si vous souhaitez vous lancer dans l'élevage, sachez que vous serez soumis au respect d'un certain nombre de textes et que vous aurez des comptes à rendre à diverses administrations.

La réglementation

Depuis le décret 91-823 du 28 octobre 1991 (article 10) : « Les responsables des locaux où se pratiquent d'une façon habituelle l'élevage en vue de la vente, la commercialisation de chiens et de chats sont tenus d'adresser, avant le début de leurs activités, une déclaration au préfet du département dans lequel sont situés les locaux… » Il s'agit donc bien de l'obligation pour toute personne faisant naître des chiots de se faire connaître de la DSV (Direction des services vétérinaires) dont il dépend. Le seul point éventuellement discutable réside dans l'expression « de façon habituelle ».

Nous nous trouvons donc depuis 1991 devant deux types d'élevages (attention pour le décompte : il ne s'agit pas de reproductrices uniquement, mais de tous les chiens sevrés présents à l'élevage : les mâles, les femelles, les vieux à la retraite, les jeunes, le bâtard recueilli par charité, etc. Les seuls qui ne seront pas pris en compte seront les chiots à la vente considérés comme stock) : 1re catégorie : de 1 à 49 chiens ; 2e catégorie : 50 chiens et plus. Nous ne nous intéresserons qu'à la 1re catégorie.

Les déclarations et les démarches

Voici donc les déclarations et démarches que vous devez effectuer et les documents que vous devez tenir à jour, remettre à l'acheteur de vos chiots ou conserver.

> Déclaration à la préfecture

Une simple déclaration écrite suffit pour l'enregistrement de l'élevage par la DSV, qui pourra à tout moment visiter vos locaux.

> Inscription à la CMSA (Mutualité agricole)

Cette inscription est obligatoire si votre élevage vous occupe plus de 1 200 heures par an. Dans ces heures entrent les heures de déplacement et les journées d'exposition. Elles sont pratiquement toujours atteintes. De plus, cette inscription peut vous permettre d'accéder à certains droits (prêts) réservés aux agriculteurs.

> Déclaration aux services fiscaux

Tout revenu est imposable. Méfiez-vous des « tolérances » (parfois jusqu'à trois femelles) car elles ne sont garanties par aucun texte.

Pour vous déclarer au fisc, une lettre adressée au service de la fiscalité agricole de votre centre des impôts est nécessaire. Vous pourrez opter pour trois régimes d'imposition :

– jusqu'à 76 225 euros de chiffre d'affaires annuel : le bénéfice forfaitaire agricole (imposition forfaitaire calculée par chaque reproductrice et variable d'un département à l'autre). Pas de comptabilité à tenir ;

– de 76 225 à 457 347 euros de chiffre d'affaires annuel : le bénéfice réel simplifié agricole. Un simple registre des achats et des ventes (coté et paraphé par votre mairie) est nécessaire ;

– au dessus de 457 347 euros de chiffre d'affaires annuel : régime du bénéfice réel et comptabilité correspondante.

(Si vous n'avez pas droit à un régime inférieur (par rapport à votre CA), il vous est possible de demander le rattachement à un régime supérieur. Ainsi le régime forfaitaire présume un bénéfice contrairement aux deux autres. Le régime du réel simplifié permet de reporter d'une année sur l'autre les déficits et même, dans certains cas, de les déduire de l'impôt sur le revenu.)

> TVA

Votre élevage n'est pas obligatoirement assujetti à la TVA, si votre chiffre d'affaires n'excède pas 45 735 euros TTC par an. Toutefois, quel que soit votre CA, vous pouvez demander l'assujettissement à la TVA qui peut être avantageux pour vous. En effet, les ventes de chiots sont taxées à 5,5 % alors que la plupart de vos achats supportent une taxe de 20,6 %. À vous de faire le calcul.

> Documents obligatoires à la vente du chiot

– l'attestation de vente : plusieurs modèles circulent, choisissez l'officiel (CERFA 50-426) ;

– la carte de tatouage, seul véritable acte de propriété ;

– le certificat de naissance (s'il ne vous est pas parvenu, mentionnez le numéro d'inscription de portée et votre engagement de l'adresser à l'acheteur dès réception sur l'attestation de vente). Il vous est interdit de conserver ce document que vous devez remettre à l'acheteur du chiot et il vous est interdit d'y apposer une quelconque mention.

> Documents facultatifs à la vente du chiot

– le carnet de santé (vaccinations). Si ce document est facultatif, il n'est pas imaginable que vous ne vacciniez pas vos chiots ;

– la notice d'élevage comportant les principaux conseils d'alimentation, d'éducation, de toilettage, etc. ;

– la convention de vente (qui peut être incluse dans l'attestation de vente sous forme de clause particulière). Établie et signée en deux exemplaires dont vous conserverez un original.

Toute la jurisprudence nous montre que les articles du Code civil sont destinés à protéger l'acheteur. Il vous appartient en tant que vendeur d'assurer au moyen de la convention de vente votre propre protection. Les principaux articles qui nous concernent sont :

– Article 1641 « Le vendeur est tenu de la garantie à raison des défauts cachés de la chose vendue (votre chiot en l'occurrence) qui la rendent impropre à l'usage auquel on la destine ou qui diminuent tellement cet usage, que l'acheteur ne l'aurait pas acquise, ou n'en aurait donné qu'un moindre prix, s'il les avait connus. »

– Article 1642 « Le vendeur n'est pas tenu des vices apparents et dont l'acheteur a pu se convaincre de lui même. »

– Article 1643 « Il (le vendeur) est tenu des vices cachés, quand même il ne les aurait pas connus, à moins que, dans ce cas, il (le vendeur) n'ait stipulé qu'il ne sera obligé à aucune garantie. »

Ces articles amènent plusieurs commentaires. Les juristes et le public considèrent la confirmation comme la reconnaissance de l'appartenance d'un chien à une race. En cas de non-confirmation, il leur semble logique que l'éleveur tombe sous le coup de l'article 1641.

Même dans le cas de défaut extérieur visible (article 1642), faites-en mention sur la convention de vente car l'avocat de la partie adverse pourra toujours vous opposer que ce qui est visible par vous, spécialiste, ne l'est pas forcément par votre client, néophyte.

L'attestation d'assurance que vous aurez souscrite pour une période de quelques mois contre les vices cachés et que l'acheteur s'engage par écrit à prolonger à ses frais, vous libère de ce fait et par écrit contre tout recours en justice pour ces mêmes vices cachés.

> Documents obligatoires de l'élevage

Le registre de santé (CERFA 50-4130). Coté et paraphé par votre mairie, vous devez le présenter à votre vétérinaire à chaque intervention sur vos animaux.

Le registre des entrées et des sorties d'animaux. Y seront inscrits tous vos animaux avec leur provenance et leur destination.

> Documents facultatifs de l'élevage

Le registre des portées où vous noterez :

– par portée, le nom des parents, les dates de saillie, de naissance, le numéro de dossier SCC, le nombre de chiots nés ;

– par chiot, le sexe, le nom, le numéro de tatouage, le numéro de LOF, les coordonnées de l'acheteur, le prix de vente.

L'agenda de l'élevage dans lequel vous noterez tous les faits marquants de l'élevage (dates de chasses, de saillies, d'expositions, de visites d'acheteurs, etc.). C'est un instrument d'une utilité extraordinaire lors de recherches.

Nous avons donc fait un rapide tour d'horizon de toutes les démarches nécessaires à la reproduction du coton, si vous possédez entre 1 et 49 chiens. Ce tour d'horizon devrait permettre à certains éleveurs de comprendre pourquoi nous demandons aux signataires de la charte de porter sur les attestations de vente des mentions concernant la destination des chiots qu'ils vendent… Le respect scrupuleux de cette réglementation devrait vous permettre de dormir tranquilles, toutefois n'oubliez jamais que la justice est toujours représentée avec un bandeau sur les yeux, et qu'un arrangement à l'amiable est toujours la meilleure des solutions pour un litige.

La génétique

Il existe dans le commerce de nombreux ouvrages traitant de la génétique. Les revues canines spécialisées et les revues des clubs de race y font souvent allusion. Plutôt qu'écrire un énième traité de génétique, il m'a semblé plus judicieux de vous fournir un petit lexique

de base qui vous permettra la compréhension de ce qui a déjà (et de nombreuses fois) été écrit.

Tous les noyaux cellulaires comportent une série d'éléments de longueur et de formes différentes appelés :

> Chromosomes

Dans chaque cellule de chien (sauf les gamètes), il y a 78 chromosomes, ou plus précisément 39 paires de 2 chromosomes (l'un venant du père et l'autre de la mère). Ces 78 chromosomes se répartissent en : 76 autosomes (c'est-à-dire communs aux deux sexes) et deux hétérosomes d'où résulte le sexe (XX = femelle ; XY = mâle).

> Gamètes

Les gamètes, ou cellules reproductrices (spermatozoïdes et ovules), n'ont que 39 chromosomes, car au moment de leur formation se produit la méiose qui aboutit à séparer en deux chacune des 39 paires de chromosomes. Quand le spermatozoïde féconde l'ovule, la fusion de ces deux gamètes à 39 chromosomes aboutit à constituer un être complet et chaque cellule portera à nouveau 78 chromosomes (39 paires).

> Gènes

Les chromosomes sont formés d'une série de particules placées comme des perles sur un fil : ces particules sont appelées gènes. Un chromosome possède plusieurs centaines de gènes qui déterminent les caractères des animaux.

> Locus

C'est le site où se trouvent un gène ou une série de gènes sur un chromosome.

> Allèles

Ce sont des gènes correspondant à un même locus.

> Homozygote

Quand, pour un locus donné, les deux chromosomes présentent le même gène : le chien est homozygote – soit dominant, soit récessif – pour le caractère donné.

> Hétérozygote

Quand, pour un locus donné, les deux chromosomes présentent deux allèles différents : le chien est hétérozygote.

Ainsi, dans l'homozygotie le chien a reçu pour le caractère considéré le même allèle de son père et de sa mère et pour l'hétérozygotie, l'allèle qu'il a reçu du père est différent de l'allèle reçu de la mère.

> Dominant

Lorsque l'un des deux gènes allèles étouffe l'effet de l'autre, il est dit dominant.

> Récessif

Le gène allèle dominé ne se manifeste pas dans l'apparence (phénotype) de l'hétérozygote et ne permet pas de le distinguer de l'homozygote dominant.

> Génotype

C'est l'ensemble des gènes d'un individu dont il est doté depuis sa conception (fécondation).

C'est son potentiel héréditaire appelé aussi patrimoine génétique.

> Phénotype

C'est l'ensemble des caractéristiques que l'on peut mesurer ou qualifier chez un individu et qui tient compte pour chacun de l'adaptation du génotype aux conditions extérieures rencontrées. C'est l'apparence ou l'aspect visible de l'individu.

> Génétique qualitative ou mendélienne

En génétique mendélienne, le phénotype n'est que le reflet plus ou moins apparent du génotype. Elle s'intéresse aux caractères non mesurables. Ces caractères dépendent d'un ou d'un nombre de gènes réduit et ne sont pas soumis à l'influence du milieu. Elle met en évidence :

– les caractères qualitatifs liés au sexe ;

– les homozygotes : qui ont un patrimoine héréditaire constant (sauf mutation) ; qui portent

un choix d'allèles restreint (puisque dans chacune des paires traduisant l'homozygotie, les allèles sont identiques) ; leur phénotype ne peut être que la traduction d'un seul génotype possible ;

– les hétérozygotes : ils sont issus du croisement d'individus possédant un patrimoine héréditaire différent pour un ou plusieurs caractères ; l'hétérozygote qui en résultera possédera davantage d'allèles que chacun des homozygotes parentaux ; leur phénotype peut recéler des génotypes différents car il cache souvent des allèles récessifs que leurs homologues dominants empêchent de se manifester.

> Génétique quantitative

Dans laquelle le phénotype est la résultante de deux composantes : le génotype et le milieu.

Elle étudie les caractères mesurables. Ceux-ci sont déterminés par un grand nombre de gènes, les polygènes, ni dominants ni récessifs, mais à caractère quantitatif et qui, de plus, dépendent du milieu. Il conviendra d'en préciser l'« héritabilité », c'est-à-dire la part qui revient à l'hérédité par rapport à celle qui revient au milieu.

Voyons un exemple simplifié : supposons qu'une race puisse n'avoir que deux longueurs de poil : court et long (c'est le cas du chihuahua). Supposons encore que le gène court soit dominant et le gène long récessif.

Nous pouvons donc avoir seulement deux apparences différentes, poil court ou poil long, mais leur « signature » génétique est plus variable.

Dans ce cas précis, le croisement de deux géniteurs à poil long (l l) ne pourra jamais engendrer de chiot à poil court.

Deux géniteurs à poil court, s'ils sont hétérozygotes (C l ou l C), pourront engendrer des chiots à poil court homozygotes (25 %), des chiots à poil court hétérozygotes (50 %) mais aussi des chiots à poil long (25 %).

Un géniteur à poil court homozygote (C C) donnera toujours des chiens à poil court, quel que soit le génotype de l'autre géniteur.

• Le choix des reproducteurs et la consanguinité

L'apparition de la vie, puis les milliards d'années d'évolution ont abouti non seulement à l'*Homo sapiens*, mais aussi à toutes les formes de vie de notre planète. S'il est certain que les protozoaires et les amibes sont nos ancêtres, les années, les climats, les hasards des mutations génétiques ont joué leur rôle pour faire de nous ce que nous sommes.

Pour votre élevage de cotons, il en est un peu de même en ce qui concerne le choix des reproducteurs. Plus les reproducteurs sont d'un bon niveau, plus il y a de probabilités que vous réussissiez à avoir de beaux chiots. Si vous ne profitez pas du travail de sélection de la nature et des éleveurs qui vous ont précédé, avec du temps et de la chance vous y arriverez

Génétique quantitative

Apparence (phénotype)	**Capital génétique (génotype)**
Poil long (homozygote = 2 fois le même allèle)	l l
Poil court (homozygote = 2 fois le même allèle)	C C
Poil court (hétérozygote = 2 allèles différents)	C l
Poil court (hétérozygote = 2 allèles différents)	l C

(C = gène court dominant, l = gène long récessif)

peut-être aussi. Ce n'est qu'une question de probabilité. Vous n'aurez par contre aucune chance d'y parvenir si le capital génétique de tous les reproducteurs successifs que vous allez utiliser ne comporte pas les gènes des caractères recherchés. Il vous faudra attendre une mutation génétique favorable !

Supposons que vous possédez une petite femelle et que vous voulez avoir de beaux chiots cotons. Votre chienne est d'un certain niveau. Elle transmettra la moitié de ses gènes à ses enfants, l'autre moitié proviendra de l'étalon. Le niveau de l'étalon peut être jaugé au travers des instruments de sélection (voir grille de sélection, p. 131) qui, s'ils ne sont pas absolus car principalement basés sur le phénotype, méritent tout de même d'exister. Plus l'étalon en question sera consanguin, plus il aura de chances d'être homozygote pour les caractères recherchés et plus nous aurons de chances de les récupérer pour nos futurs bébés. Voilà pourquoi il est plus que souhaitable que non seulement le niveau de l'étalon soit élevé et supérieur à celui de votre chienne, mais encore qu'il soit issu d'une lignée fortement consanguine.

Si vous souhaitez de beaux chiots coton de Tuléar, mettez un maximum de chances de votre côté. La situation idéale est que les deux géniteurs soient de vrais cracks, ce qui relève du loto lorsqu'on achète sa femelle à 2-3 mois. L'étalon « crack » lui, même s'il n'est pas chez vous, reste accessible.

Dès que vous vous serez lancé dans le choix des reproducteurs, vous vous trouverez donc face à un autre point incontournable, la consanguinité. Voyons-le tout de suite.

Chez les animaux sauvages qui vivent en société, généralement seul le mâle dominant s'accouple avec les femelles qui sont souvent ses sœurs, ses filles, ses cousines etc.

De nombreuses grandes races de chiens sont également issues d'un nombre très restreint de géniteurs.

La consanguinité existe dans la nature et est partout autour de nous. D'ailleurs ne peuvent s'accoupler que les espèces avec un certain degré de consanguinité (un chien avec un chien mais pas un chien avec un chat). Il ne faudrait donc parler que de degré de consanguinité et non pas de consanguinité tout court. Donc même si elle n'apparaît pas dans le pedigree de votre chien, vous la retrouverez si vous pouvez « remonter » de quelques générations de plus. Ce n'est qu'une question d'information.

Elle peut être la meilleure et la pire des choses car elle a pour particularité de fixer les caractéristiques génétiques d'une souche. Ces caractéristiques peuvent être très recherchées ou pas du tout et on parle alors de tares.

Si dans le pedigree de vos chiots apparaît à plusieurs reprises le nom d'un géniteur, cela prouve une consanguinité plus ou moins forte. Ce qui importe c'est de connaître la valeur génétique de ce géniteur. Est-il reproducteur Élite, a-t-il reproduit de très beaux sujets, a-t-il un excellent caractère ? Si la réponse est oui c'est une consanguinité intéressante. Si au contraire c'est un chien quelconque, à la limite du type et qui a déjà notoirement transmis des tares, c'est une consanguinité catastrophique.

La consanguinité permet d'établir des souches avec des caractéristiques fixées. Il est intéressant ensuite, si l'on veut introduire dans cette souche d'autres caractéristiques qui lui manquent de procéder à une retrempe, à savoir de trouver un reproducteur d'une autre souche bien distincte (mais avec une consanguinité forte à l'intérieur de cette souche) et chez laquelle ces caractéristiques qui manquent à la première sont bien fixées.

Pour simplifier, si votre chienne a de très belles oreilles et que c'est le cas de presque tous

ses frères, sœurs et cousins et que ces belles oreilles sont dues au reproducteur X très présent dans leur ascendance, il est souhaitable de la marier avec un chien issu d'une souche consanguine sur le reproducteur Y où la situation est la même concernant les yeux. Ainsi, vous aurez de bonnes chances d'avoir une partie des chiots avec de belles oreilles et de beaux yeux et qui retransmettront ces deux facteurs à leur propre descendance.

Plus généralement encore, du fait de l'homozygotie qu'elle induit seule la consanguinité permet l'éradication de certaines tares dues à un gène récessif.

En conclusion, l'élevage en consanguinité permet :

– la fixation d'un modèle de qualité ;

– l'épuration des tares et des facteurs de nuisance ;

– le calcul prévisionnel des résultats.

Elle fonctionne en « photocopie » et ne permet pas :

– d'aller plus loin que le niveau initial ;

– elle fixe et renforce la moindre erreur ;

– elle entraîne une perte de gènes (du fait de l'homozygotie).

Il en résulte :

– la nécessité de retrempes pour progresser au-delà du niveau initial ;

– l'obligation d'euthanasier les tarés ;

– le risque de réduction de la prolificité ;

– la nécessité de travailler sur des lignées parallèles pour revenir en arrière en cas d'erreur ;

– plus le pedigree d'un crack est consanguin, plus il a de chances de vous apporter les gènes que vous recherchez.

Si c'est une méthode de choix pour un bon élevage de sélection, la consanguinité ne pardonne pas la médiocrité des géniteurs ou du sélectionneur à l'égard des gènes majeurs. Inversement, si un éleveur clame qu'il est contre la consanguinité, il proclame du même coup son ignorance et son incompétence.

En outre, pourquoi le terme de consanguinité choque-t-il ? Simplement parce que la morale interdit toute sélection génétique sur l'homme qui peut seulement se permettre (pour l'instant) de braver les lois de la nature et de la génétique avec l'aide de la médecine de plus en plus performante. Il n'en reste pas moins que l'anthropomorphisme n'est pas de mise en sélection canine et nous ne devons en aucun cas transposer en génétique animale les interdits que nous impose la morale en génétique humaine.

La saillie

Aucun problème particulier concernant les garçons cotons n'est à signaler. Ils sont généralement gaillards et vous n'avez pas besoin de leur faire un dessin.

Les filles sont parfois timides et, lorsqu'il s'agit de la première fois, elles peuvent avoir des « terreurs de vierge ». C'est pourquoi pour cette première fois, il vaut mieux faire appel à un vieux briscard expérimenté qui saura séduire et mettre en confiance sa jeune partenaire.

Les femelles sont généralement fécondables entre le 9e et le 14e jour après le début des chaleurs (pertes). Toutefois, si votre femelle a des règles discrètes, vous courez le risque rater le début des chaleurs et certaines femelles sont fécondables bien plus tard que la fourchette indicative donnée. Si votre vétérinaire a l'habitude de faire des frottis, confiez-lui la chienne. Sinon faites confiance au nez du mâle !

Après des années de mariages canins, je pense que la meilleure des solutions est de confier la femelle aux propriétaires du mâle pour qu'il se charge des saillies. Lorsque la femelle se laissera faire, il sera judicieux de répéter les saillies à 48 heures d'intervalle et, lorsque la femelle ne voudra plus rien savoir, ce sera le moment de la récupérer.

À l'issue de la saillie, les chiens restent « collés » et la femelle risque de se débattre. Il est fortement conseillé de la tenir jusqu'au moment où ils se sépareront. Cela évitera aux deux chiens tout risque de blessure qui peut être grave.

La grossesse

Pendant toute sa grossesse (sauf les derniers jours), votre chienne continuera à mener une vie normale. Vous devez cependant intervenir dans deux domaines : son environnement et son alimentation.

> L'environnement

Il faudra, au fur et à mesure que la gestation progresse, lui aménager une zone de calme où elle pourra se reposer (c'est là également que vous installerez sa caisse de mise bas), lui éviter tout stress et énervement, ainsi que les marches d'escalier et les bonds (chaises, canapés, etc.).

> L'alimentation

Certains pensent, mais cela n'est pas prouvé, que l'on peut provoquer une ponte ovulaire plus importante en augmentant de 10 % sa ration alimentaire dans les quelques jours qui précèdent la fécondation en supprimant l'excédent aussitôt après.

– Pendant la gestation, les besoins ne sont pas modifiés pendant les trois premières semaines. De la 4e à la 6e semaine, ils augmentent de façon importante (60 %), pour ensuite diminuer progressivement jusqu'à la mise bas. Il est donc important de fournir à la chienne, pendant cette période, des protéines de grande qualité et en quantité suffisante. Son abdomen sera comprimé par la présence des fœtus. C'est pourquoi il faudra fractionner ses repas.

– Pendant la lactation (le lait de chienne est deux fois plus riche que le lait de vache en protéines, en lipides et en sels minéraux), ses besoins énergétiques sont trois fois plus importants durant cette période. En effet, sa production de lait est d'environ un quart de litre par jour. Il faudra supplémenter son alimentation avec du calcium et du phosphore.

La grossesse nerveuse

Presque toutes les chiennes manifestent périodiquement et de manière plus ou moins évidente, un trouble psychique et physique que les vétérinaires appellent « pseudogestation ». On assiste alors à des modifications hormonales et physiques identiques à celles observées en cas de grossesse et, dans la phase finale, au phénomène de la lactation.

La « grossesse nerveuse » est liée à un comportement de défense et de survie des ancêtres de l'espèce canine. Chez les loups, notamment, seule la louve chef de bande s'accouple. Après la mise bas, ce sont les autres femelles adultes qui s'occupent de la portée et qui allaitent les louveteaux pour permettre à la mère de continuer à guider la bande lors de la chasse. Les propriétaires de plusieurs chiennes ont également pu remarquer qu'au bout d'un certain temps elles coordonnent leur cycle et qu'elles arrivent à avoir toutes leurs périodes de chaleurs en même temps. Illustration typique de ce réflexe d'autodéfense de l'espèce, le cas est arrivé récemment à un éleveur ami. L'une de ses chiennes, après la mise bas, avait eu une montée de lait tellement discrète qu'elle en avait pratiquement pas. Au grand dam des chiots qui pleuraient et allaient rapidement dépérir. Le pis-aller du biberon fut évité grâce à une autre de ses chiennes qui avait une grossesse nerveuse et qui a pu subvenir aux besoins alimentaires de cette portée.

> Les symptômes

La « grossesse nerveuse » débute en général 1 ou 2 mois après les chaleurs et peut durer 60 jours, comme une grossesse normale, mais elle ne se manifeste clairement qu'à l'approche de la « pseudo-mise bas ». Les modifications de l'appareil génital et mammaire sont accompagnées d'altérations du comportement, toujours d'intensité variable.

On peut remarquer une augmentation de poids et de la circonférence abdominale ainsi que des mamelles gonflées et douloureuses. Certaines chiennes deviennent agitées, nerveuses et agressives ; d'autres sont déprimées, ont tendance à s'isoler et refusent de s'alimenter. Elles préparent leur niche et adoptent divers objets (peluches, pantoufles, etc.) comme s'ils étaient des chiots, les maternent et les défendent avec acharnement. Elles sont parfois capables d'accepter et d'allaiter les chiots d'autres chiennes.

Sans traitement rapide, la « grossesse nerveuse » peut mener à des complications rares mais pouvant être graves, comme les mammites et les pathologies de l'appareil génital. Il ne faut pas sous-évaluer le trouble émotionnel de l'animal qui souffre d'une angoisse profonde en raison de cette pulsion maternelle insatisfaite.

> Que faire ?

En premier lieu, il est important de poser correctement un diagnostic que seul le vétérinaire est en mesure de faire en raison de l'intensité variable des symptômes. Il peut être nécessaire d'intervenir, selon les conseils du vétérinaire, avec un médicament spécifique et facile à administrer à l'animal dans la nourriture ou directement par voie orale. Un nouveau traitement spécifique de la grossesse nerveuse est désormais disponible en solution orale. Il stoppe la production de prolactine ; de plus, il s'agit d'un traitement non hormonal qui n'entraîne pratiquement pas d'effets secondaires et n'intervient pas sur la fertilité future. Ce traitement s'effectue à raison d'une administration par jour pendant 4 à 6 jours seulement.

Les effets du traitement se manifestent rapidement : l'animal retrouve sa sérénité en quelques jours. La sécrétion lactée ainsi que l'augmentation du volume mammaire disparaissent. La chienne retrouve son bien-être et la famille sa tranquillité. Demandez conseil à votre vétérinaire.

La mise bas

On appelle parturition ou mise bas le processus mécanique et physiologique qui aboutit à l'expulsion des fœtus et des annexes embryonnaires hors des voies génitales maternelles au terme de la gestation.

> Le déterminisme de la mise bas

Pas plus en médecine vétérinaire qu'en médecine humaine on n'a pu, jusqu'à ce jour, bâtir une théorie irréfutable nous enseignant par quels facteurs se déclenche le « travail » chez les mammifères. On suppose cependant que ce déterminisme est endocrinien et que la sénescence placentaire stimule l'axe hypothalamo-hypophyso-surrénalien ; ce qui aboutirait à une augmentation du taux des corticostéroïdes, une chute de la progestérone, une augmentation des œstrogènes, une sécrétion d'ocytocine (hormone hypophysaire). Or, l'on sait que l'élévation des taux d'ocytocine et d'œstrogènes provoque et favorise les contractions utérines.

On distingue trois périodes successives dans la mise bas :

– la phase de contractions utérines et de dilatation du col (avec écartement de la symphise pubienne sous l'action de la relaxine) ;

– la phase d'expulsion du fœtus qui pénètre dans la filière pelvienne sitôt achevée la dilatation cervicale ;

– la phase d'expulsion du placenta qui, sous l'effet des contractions, se détache de la paroi utérine.

> Les signes avant-coureurs

• Les signes subjectifs

Ils échappent rarement à l'éleveur attentif. Deux jours avant, les flancs de la chienne se creusent, les pointes des hanches semblent proéminentes et l'animal donne soudain l'impression d'avoir maigri : ce relâchement des ligaments du bassin est provoqué par une hormone hypophysaire, la relaxine. Certaines lices sont tentées de faire un nid : elles creusent un trou dans le jardin ou en appartement et parfois déchirent le matelas de leur couche. Enfin 24 heures avant la mise bas, la plupart refuse toute nourriture et manifeste de fréquentes et fausses envies de vider leur intestin.

• Les signes physiques

Le plus fidèle des signes objectifs reste la chute thermique à condition de savoir l'interpréter correctement. Nul n'ignore que la température du chien oscille entre 38 °C et 39 °C. À partir du 56e jour, il faut prendre la température de la gestante matin et soir. De quatre à sept jours avant la naissance, la courbe thermique devient erratique avec des chutes fréquentes. De 24 à 48 heures avant la naissance, la température tombe au plus bas : 37 °C et parfois à 36,5 °C (par baisse du taux de progestérone). Puis, dans les 6 heures qui précèdent la parturition, elle remonte à la normale indiquant l'imminence du travail qu'annoncent aussi : l'agitation de la chienne qui va, vient, se couche, se relève, marche le dos très voussé ; l'apparition d'un fin tremblement musculaire ; le suintement du colostrum à l'extrémité des mamelles et une forte sécrétion de mucus, teinté de sang, qui s'écoule d'une vulve devenue moins saillante.

Durant ces dernières heures de la gestation, les contractions passives de l'utérus ont fait progresser le chiot de la corne utérine à l'utérus proprement dit, tout en dilatant et en effaçant le col.

> De 2 à 8 heures en moyenne

Une fois le travail commencé, le premier chiot va naître en 2 heures au maximum.

Les contractions actives et simultanées de la musculature abdominale puis vaginale et du diaphragme vont provoquer l'expulsion qui se produit généralement en position couchée, mais qui peut aussi avoir lieu en position semi-assise (comme pour la défécation).

Quand l'éleveur, aux aguets, voit sa chienne redresser la queue pendant une contraction, il sait que l'arrivée du chiot est imminente.

De fait, très vite, apparaît à la vulve la poche fœtale et, à partir de cet instant, l'expulsion du chiot n'excédera pas de 20 à 30 minutes.

Soixante-dix pour cent des « bébés » naissent en avant et les pattes antérieures de part et d'autre de la tête, mais 30 % d'entre eux se présentent par le siège. Au moment du passage, l'allantoïde (une enveloppe fœtale externe) se rompt et un peu de liquide jaune paille s'écoule.

Le chiot naît le plus souvent dans l'amnios (enveloppe fœtale interne). La mère, d'instinct, déchire la poche amniotique qu'elle avale, coupe le cordon ombilical avec ses dents et commence à lécher vigoureusement son petit pour le nettoyer, l'aider à pousser son premier cri et le réchauffer.

Le placenta, décollé de la paroi utérine, est expulsé de 1 à 15 minutes après chaque chiot, et la mère le mange aussi.

Les intervalles entre chaque naissance sont très irréguliers : normalement de 10 à 60 minutes. Ils peuvent s'étaler sur plusieurs heures.

En moyenne, une parturition dure de 2 à 8 heures.

Quelle doit être l'attitude de l'éleveur au cours de la parturition ? Faut-il laisser la chienne se débrouiller seule ou l'assister ? Il faut avant tout être présent, s'abstenir de toute intervention si le processus est normal, mais être prêt à tout moment à aider sa chienne si besoin.

> Ce que vous pouvez et devez faire

• Avant la mise bas

Avant la mise bas, préparez une caisse de 80 cm par 80 cm et garnissez le fond de serviettes ou encore d'une fausse peau de mouton (vetbed). Placez la caisse dans un endroit protégé et habituez votre chienne à y demeurer longtemps avant la date prévue pour la délivrance.

Au moment de la mise bas, ayez à votre disposition des doigtiers stériles, un peu d'huile de paraffine, des linges chauds, du Nylon stérile (ou du fil de coton trempé dans l'alcool), des compresses stériles, des ciseaux stérilisés, de la teinture d'iode. Envisagez un chauffage d'appoint (aux infrarouges par exemple) et un thermomètre au-dessus de la caisse pour maintenir – au moment de la naissance et durant les 4 jours qui suivent – une atmosphère légèrement humide de 25 °C à 28 °C (à la naissance le chiot est hypothermique et sa température oscille entre 34,5 °C et 35,5 °C).

Pendant la mise bas, parlez à votre chienne (qui aime la présence des êtres familiers), calmez-la et rassurez-la.

Sachez appeler le vétérinaire à temps s'il y a inertie utérine : que le travail soit déclenché depuis plus de 2 heures sans qu'aucun bébé apparaisse par suite des efforts imparfaits d'une femelle âgée, ou obèse, ou manquant d'exercice ; ou qu'après des efforts prolongés pour une ou plusieurs expulsions, l'utérus soit devenu incapable de se contracter efficacement et que la femelle se fatigue inutilement.

Autre cas d'accouchement difficile : un fœtus est bloqué et les efforts de la femelle sont devenus improductifs : tantôt le chiot apparaît à la vulve pour disparaître aussitôt, tantôt tête et pattes s'engagent sans jamais plus progresser. Tentez, dans cette situation d'urgence, d'intervenir vous-même, sans attendre l'arrivée du praticien : saisissez la partie du chiot qui vous est accessible et retenez-le pour qu'il ne remonte pas entre deux contractions. Pendant la contraction, tirez légèrement sur le chiot en le rabattant vers le ventre de la mère. Si rien n'y fait, il est bloqué et a besoin de se retourner : muni du doigtier stérile enduit d'huile de paraffine, repoussez entre deux contractions vers le haut (vers l'utérus) le chiot coincé. Puis recommencez comme précédemment. Cela suffit bien souvent. Évitez à tout prix de déchirer l'enveloppe amniotique pendant ces opérations, vous risqueriez de déclencher le réflexe respiratoire trop tôt et, le thorax

comprimé dans les voies génitales, votre chiot pourrait étouffer.

En revanche, lorsque le chiot est entièrement expulsé et afin qu'il puisse respirer, déchirez à la main le sac amniotique si la femelle ne le fait pas d'elle-même.

Réanimez le chiot qui reste inerte sans vagir : pour cela séchez-le vite en le frottant vigoureusement avec un linge chaud et dégagez ses voies respiratoires en plaçant la bouche sur son museau et en aspirant à travers d'une gaze les mucosités qui l'encombrent (n'aspirez pas trop violemment, vous pourriez « coller » ses poumons).

Coupez le cordon ombilical à 1 cm du ventre, si la chienne ne le fait pas et ligaturez-le.

Comptez les placentas expulsés car un placenta non expulsé peut soit empêcher la venue au monde d'un chiot, soit être la source de graves infections des voies génitales de la mère. Il est banal, mais pas du tout indispensable que la chienne mange les placentas qui, souvent, provoquent de fortes diarrhées. Essayez de les lui subtiliser.

• Après la mise bas

Après la mise bas, désinfectez les ombilics avec de la teinture d'iode. Palpez le ventre de la chienne pour vérifier que tous les petits ont bien été expulsés. Il y a un vieux truc d'éleveur pour savoir si la chienne a fini la mise bas. Il faut lui donner du café au lait tiède très sucré (un peu de café dans beaucoup de lait). Si la chienne refuse, il reste des chiots à venir, si elle boit, il n'y en a plus. Je l'ai vérifié, cela ne marche pas à tous les coups. Parfois la chienne boit le café au lait, puis continue la mise bas. C'est une mixture qu'elles adorent et qui leur apporte un appoint de sucre non négligeable. Surveillez les pertes de la mère qui – initialement verdâtres, puis rougeâtres – doivent au bout de 15-20 jours se limiter à une sécrétion de mucus incolore et inodore. Si, au contraire, les lochies sont purulentes ou fétides, méfiez-vous de la rétention placentaire et de l'infection, et consultez votre vétérinaire.

> Ce que vous ne devez pas faire

• Avant la mise bas

Avant la mise bas, ne négligez pas la surveillance de la courbe thermique qui permet de prévoir les parturitions prématurées et d'interpréter les dépassements du terme théorique dont on tire parfois argument pour pratiquer une césarienne.

Ne laissez pas votre chienne se délivrer n'importe où, que ce soit dans un appentis sans hygiène, un endroit trop froid ou qui vous serait inaccessible (sous votre lit).

• Pendant la mise bas

Pendant la mise bas, en cas d'inertie utérine, ne pratiquez pas de votre propre chef des injections d'ocytocine. C'est au vétérinaire éventuellement de l'effectuer après s'être assuré de l'ouverture effective du col et qu'aucun obstacle mécanique n'entrave la migration du fœtus. Sinon, les contractions violentes déclenchées par ce produit risquent de provoquer des accidents graves (éclatement de l'utérus).

N'ouvrez pas la poche amniotique tant que le chiot n'est pas complètement expulsé.

Ne cherchez pas à extraire vous-même à tout prix un chiot immobilisé à la vulve et dont la tête semble grosse : vous courez le danger de provoquer de graves déchirures cutanées et musculaires au niveau du périnée.

Ne soufflez pas dans la gueule d'un petit inanimé sans l'avoir au préalable désobstrué : sinon l'inondation des bronches et des alvéoles est immanquable et le chiot est définitivement condamné.

• Après la mise bas

Après la mise bas, ne forcez pas la chienne à manger si elle boude sa nourriture pendant quelques jours encore ; elle est généralement gavée de placentas.

Ne privez les chiots du colostrum sous aucun prétexte, qui, seul, laisse passer les anticorps (supports de l'immunité passive transmise par la mère pour assurer leur protection durant les premières semaines de leur vie).

De la naissance au sevrage

Si vous donnez à votre chienne une nourriture suffisamment riche et appétente, pendant les premières semaines, votre rôle se limitera à surveiller que tout va bien. Principal instrument de cette surveillance : la balance. Si pendant les premières 24 heures les chiots ne prennent pas de poids, voire s'ils perdent 10-20 g, c'est normal et dû à la mise en route de tout le processus de la digestion.

> La prise de poids

Par la suite, ils devront prendre régulièrement du poids, tous les jours (10-40 g par jour). Leur poids de naissance doublera entre 8 et 10 jours. Si l'un des chiots ne prend pas de poids, il se peut que dans la compétition à la mamelle il soit éjecté par ses frères et sœurs plus robustes ; essayez d'arranger les choses en le favorisant et en le protégeant un peu jusqu'à ce qu'il prenne suffisamment de forces pour y résister.

Il est possible aussi que votre chiot ait des malformations létales (dans ce cas, il n'y a pas grand-chose à faire) ou graves (palais non refermé, membre atrophié – il faut l'endormir immédiatement) ou qu'il ait un poids inférieur à 120 g. Dans ce dernier cas, il n'aura pas la force ou le réflexe de téter et il se déshydratera très vite, en quelques heures. Parfois le biberon (lait de chienne – toutes les 2-3 heures) et un maître dévoué lui permettront de passer ce cap difficile. Mais sachez qu'il a de fortes chances de mourir, soyez-y préparé.

Un accident est relativement fréquent chez la maman coton (surtout lorsque la portée est nombreuse) : la crise d'éclampsie (tremblements violents, raidissement, perte d'équilibre) due à un manque de calcium. Une injection intramusculaire de calcium rétablira la situation en quelques minutes.

> Le sevrage

À 12-15 jours, les yeux s'ouvrent et les chiots commencent à vouloir tout explorer. La caisse de mise bas ne suffit plus. Aménagez-leur un petit parc (1 m x 2 m) bien isolé du sol (les « vet-bed » en fausses peaux de mouton sont parfaits). Dès la quatrième semaine, sous votre surveillance, donnez-leur des moments de récréation en soulevant le parc pour qu'ils gambadent dans toute la pièce. Profitez-en pour commencer le sevrage en les mettant en récréation surtout au moment où la maman mange. Si la pâtée est suffisamment tendre, ils essaieront de l'imiter, parfois en se vautrant dans la gamelle. Dès le début du sevrage, procurez-leur de l'eau fraîche en permanence. Dans une gamelle qui leur soit accessible, mais pas trop haute pour qu'ils puissent en sortir facilement s'ils venaient à tomber dedans ! Lorsque vous les remettrez dans le parc, n'oubliez pas l'eau.

Puis, dès la 5e semaine, donnez-leur leur propre gamelle de nourriture quatre fois par jour en la laissant dans le parc. À 6 semaines, commencez par séparer la mère qui n'ira les voir que pendant de courts moments de la journée pour les allaiter. Il serait souhaitable que vous ne refermiez plus le parc, après vous être assuré qu'il n'y a pas de fil électrique, de plantes ou tout autre objet dangereux (ou précieux) à leur portée. Cherchez bien, car sinon eux sauront le trouver ! À la fin de la semaine, retirez la maman toute la journée et laissez-les ensemble la nuit. Puis, à 7 semaines, une seule visite avant le dodo et pour finir, séparez la mère même la nuit. Elle aura ainsi moins de lait. Dès qu'elle ne se laissera plus téter, vous pouvez la remettre en permanence à condition qu'elle ait un endroit pour se réfugier et qui soit inaccessible à vos petites usines à caca... Eh oui, il y a un moment que la maman a cessé de tout nettoyer et c'est vous qui n'arrêtez pas !

Dès le sevrage, aménagez-leur un « coin toilettes » fait de quelques feuilles de papier journal. À condition que vous changiez de papier très souvent, ils utiliseront leur W.-C. !

La maturation mentale du chiot

Elle se fait en plusieurs étapes :

– période néonatale végétative (de la naissance à la 2e semaine) ;

– période d'éveil ou de transition (de la 3e à la 4e semaine) ;

– période de socialisation (de la 5e à la 12e ou 14e semaine) ;

– socialisation intra-espèce (de la naissance à la 7e semaine) ;

– socialisation inter-espèces (à partir de 7 semaines).

(À noter qu'à la 12e semaine, les principales caractéristiques sont fixées à jamais.)

– période de hiérarchisation (fin 3e mois-4e mois) ;

– organisation en bande (du 5e au 7e mois) ;

– puberté (environ 8 mois).

Maintenant, en tant qu'éleveur, vous êtes bien sûr de l'autre côté de la barrière et, si vous avez eu la chance d'avoir un chien équilibré, n'en privez pas les futurs acquéreurs de vos

chiens. Vous devez manipuler quotidiennement le chiot dès la période d'éveil. Tout au long des semaines, vous devez leur faire découvrir le monde, leur faire avoir un maximum d'expériences, dans tous les domaines.

Il est souhaitable qu'ils partent dès la 8e semaine pour se prendre en charge seuls dans leur nouvelle famille. Sinon, ils risquent d'être trop sous la protection de leur petite meute et d'avoir du mal à affronter la vie sans cette meute. Il vous faudra les dégourdir et les socialiser en les prenant avec vous le plus souvent possible et un seul à la fois pour favoriser cette prise en charge individuelle. Vous ferez de même pour les promenades, l'apprentissage de la laisse, etc. À partir de 8 semaines, si vous avez plusieurs chiots, vous devrez assurer un développement individuel à chacun.

Comment leur trouver la maison du bonheur ?

Il est préférable de songer au placement des chiots avant de faire saillir votre chienne, car nous l'avons vu, ils vaut mieux qu'ils partent à 8 semaines pour toutes les raisons évoquées et sans compter que vous allez vous attacher à eux chaque jour davantage.

Il est absolument impensable que vous bradiez votre chiot. La mentalité humaine est ainsi faite qu'on a tendance à apprécier les choses en fonction du prix que nous les avons payées. Et, pour une fraction non négligeable de la population, il est plus facile d'abandonner ou de se débarrasser d'un chien payé 76 euros que 915 euros.

Probablement, vous aurez autour de vous (amis, famille, voisins) des gens qui vous auront dit vouloir un coton. Faites-leur confirmer leurs intentions le plus tôt possible au moyen d'un petit chèque. Cela vous évitera des déconvenues de dernière minute.

Les petites annonces de la presse spécialisée canine sont également un bon moyen de trouver des maîtres pour vos petits chiots. Pensez à passer l'annonce suffisamment à l'avance, les délais d'impression n'étant pas négligeables. Les annonces que vous pourrez passer dans les journaux de proximité à distribution gratuite vous amèneront peut-être des appels, mais de personnes cherchant des chiens à bas prix et sans pedigree.

Si vous avez choisi un étalon de renom, le propriétaire de celui-ci pourra souvent vous adresser les personnes qui le sollicitent pour des chiots s'il en a pas lui-même à ce moment-là. De toute façon, plus les parents sont primés, plus vous risquez d'avoir des demandes. N'hésitez donc pas à choisir un « grand » étalon.

Si vous avez un tant soit peu suivi les conseils de sélection du club, vous aurez signé la charte de qualité. Les actions et l'information du club, en ce cas, pourront considérablement vous aider à placer vos chiots.

N'acceptez jamais de laisser partir le chiot lors de la première visite. Vous devez vous assurer des motivations de votre futur client. Est-ce que sa décision d'achat a été bien réfléchie ? En a-t-il bien mesuré les conséquences ? A-t-il les moyens, le temps et la volonté de s'occuper de son animal ? Que veut-il en faire ? Un chien n'est pas un objet qui s'achète sur un coup de tête.

Ce n'est qu'après avoir obtenu une réponse à ces interrogations que l'éleveur peut conseiller l'achat de tel ou tel chiot. Ou refuser la vente car il vaut mieux garder un chiot quelques semaines de plus que de conclure une vente baclée qui ouvrira la voie aux conflits ou pire, à l'abandon… Si l'éleveur, aussi honnête et scrupuleux soit-il, n'a pas obtenu de réponses positives à ses questions, il risquera toujours de voir son chiot lui revenir (mais dans quel état physique et psychologique ?) sous les motifs les plus divers et fallacieux.

Avec mon expérience actuelle, je peux affirmer que si votre client ne devient pas votre ami, vous avez « raté » la vente.

Le club de race

Rattaché au Club du chihuahua et des exotiques, le coton de Tuléar a très rapidement pris une place importante dans le cheptel français.

Le Club du chihuahua, du coton de Tuléar et des exotiques (CCCE)

Grâce à la sélection naturelle qui a établi ses qualités à Madagascar, nous avons eu la chance d'avoir la garde d'un chien très robuste et rustique, au caractère fort et équilibré, à l'aspect agréable et tout à fait apte à supporter les divers modes de vie du monde occidental moderne.

La réussite de notre travail et le nombre de nos membres éleveurs et propriétaires de cotons nous ont amenés à changer l'intitulé même du Club (le coton cessant alors d'être exotique) qui est devenu en 1990 le Club français du chihuahua, du coton de Tuléar et des exotiques.

La commission technique d'élevage

Il fallait d'une part préserver ses qualités propres et d'autre part rendre la race homogène dans les limites du standard en préservant une grande variabilité génétique. À cet effet nous avons créé dès l'apparition de la race en France une commission technique présidée par Mme Jacqueline Bretescher (vice-présidente de la SCC) qui a travaillé en étroite collaboration avec la commission de zootechnie de la Société centrale canine et nous avons mis l'accent sur la sélection afin de garder au coton ses principales caractéristiques morphologiques, qui le distinguent si nettement des autres bichons, à savoir :

– le type en tête caractérisé par la forme particulière de son crâne, son stop peu accentué, ses yeux ronds, bien écartés, vifs et intelligents, son intense pigmentation des paupières, de la truffe et des lèvres, ses oreilles bien implantées et bien portées ;

– son aspect général, bien ramassé, très musclé avec un dos très légèrement voussé, une queue implantée bas et bien portée ;

– sa taille et son poids ;

– sa fourrure unique, cotonneuse et blanche, qui lui a donné son nom.

Aujourd'hui, ces objectifs sont atteints. Les cotons français présents sur les rings sont très homogènes, malgré leur variabilité génétique importante. Nous nous sommes débarrassés des principaux défauts que nos petits amis pouvaient présenter : fourrures frisées ou maltaisées, pigmentations insuffisantes ou inexistantes, queues trop courtes ou enroulées, chiens trop grands ou fortement tachés de marron ou d'un noir franc. Tous les travaux de la commission technique sont régulièrement communiqués à l'ensemble des juges de la race qui ont ainsi pu apporter leur contribution importante à l'amélioration de celle-ci.

La grille de sélection

Pour suivre les recommandations de la commission technique, le Club, en collaboration avec la SCC, a très vite établi une grille de sélection des reproducteurs cotés de 1 à 6 étoiles. Les quatre premiers degrés étant obtenus par le phénotype du reproducteur, les deux derniers demandant le concours du génotype au travers de ses descendants.

De cette grille sont également extraits les étalons recommandés.

Les pointages de la grille apparaissent sur les pedigrees de la descendance des chiens cotés.

La charte d'éleveur

Parallèlement à la grille de sélection des reproducteurs, le Club a mis en place une charte de qualité qui oblige ses éleveurs signataires tant à une haute qualité dans leur production qu'à une relation irréprochable et suivie avec les acquéreurs de leurs chiots.

L'élevage en France

La promotion du coton de Tuléar, assurée par le Club et les médias, a incité de nombreux éleveurs et amateurs à prendre fait et cause pour cette race. Aujourd'hui, si 20 % des naissances ont lieu chez de simples particuliers, 80 % des naissances ont lieu chez nos 300 éleveurs dont 235 possèdent un affixe FCI et le nombre des naissances inscrites au Livre des origines français (LOF) est stabilisé depuis des années à 1 500 environ par an.

Le cheptel vivant aujourd'hui en France avoisine les 25 000 sujets inscrits au LOF et doit représenter plus de 80 % du cheptel mondial.

Les expositions spéciales

Sur le plan de la sélection, le Club organise chaque année depuis plus de 15 ans une exposition Nationale d'élevage où sont réunis nos plus beaux sujets et 5-6 expositions spéciales de la race dans le cadre des expositions canines internationales. Ces expositions nous ont permis de voir concrètement les progrès spectaculaires de la race en quantité, en qualité et en homogénéité. Elles ont été l'occasion pour nous d'inviter de nombreux juges étrangers afin de les sensibiliser aux qualités propres de cette race en les mettant en présence d'un cheptel très nombreux et de grande qualité.

Les juges formateurs

Le nombre croissant de cotons de Tuléar présentés en expositions a incité le Club à créer un cercle de juges formateurs, grands spécialistes de la race. Tous les juges qui souhaitent juger notre race en France doivent suivre un apprentissage exclusivement auprès de ces juges formateurs. Six des dix membres du comité du Club sont juges formateurs pour la race coton de Tuléar, ainsi que quelques autres juges renommés hors comité.

La préservation du caractère

Nous avons également voulu préserver le caractère (précisé par le standard) tout à fait équilibré, gai et espiègle de ce petit chien. En même temps que lui, est apparue en France une nouvelle discipline de travail appelée agility. Comme faite sur mesure pour le coton, privilégiant vitesse, influx nerveux, joie et complicité avec son maître, là encore cette discipline fut un succès pour notre ami. À tel point que des dizaines de cotons la pratiquent à des niveaux divers, mais aussi à un haut

Grille de sélection

Titre	Conditions d'obtention
1 étoile	– Obtenir la confirmation.
2 étoiles « 1er Choix »	– Obtenir un qualificatif Excellent en Classe Jeune à l'exposition Nationale d'élevage ou en exposition spéciale de race.
3 étoiles « Excellent »	– Obtenir un qualificatif Excellent en Classe Ouverte ou en Classe Champion à l'exposition Nationale d'élevage. – et un deuxième qualificatif Excellent en exposition spéciale de race.
4 étoiles « Recommandé »	– Obtenir 3 Étoiles. – Obtenir un CACIB (ou RCACIB) en exposition spéciale de race. – Réussir le TAN (Test d'aptitudes naturelles).
5 étoiles « Élite B »	– Obtenir 2 Étoiles (au moins). *et pour les mâles :* – avoir 5 fils ou filles de 2 lices différentes ayant obtenu eux-mêmes 4 étoiles au moins. *et pour les femelles :* – avoir 3 fils ou filles ayant obtenu eux-mêmes 4 étoiles au moins ; – réussir le TAN (Test d'aptitudes naturelles).
6 étoiles « Élite A »	– Obtenir 4 Étoiles (au moins). *et pour les mâles :* – avoir 5 fils ou filles de 2 lices différentes ayant obtenu eux-mêmes 4 étoiles au moins. *et pour les femelles :* – avoir 3 fils ou filles ayant obtenu eux-mêmes 4 étoiles au moins.

niveau. En effet, il est rare de voir une grande finale sans la participation des cotons de Tuléar.

Pour toucher une population plus large et selon les directives de la Société centrale canine, nous avons mis au point un Test d'aptitudes naturelles (TAN) obligatoire pour nos reproducteurs recommandés.

L'éradication des tares génétiques

Au-delà de la recherche d'harmonisation d'un type de chien le plus conforme possible au standard de la race, travail dont le but pourrait être considéré comme purement cynophile et esthétique, le Club s'est préoccupé, dès l'apparition du coton, de protéger notre cheptel des diverses tares génétiques qui affectent, parfois lourdement, d'autres races.

C'est ainsi qu'en collaboration avec la sous-commission des tares oculaires de la Société centrale canine, le Club s'est mis en rapport avec de nombreux vétérinaires pour veiller à dépister celles-ci. Nous disposons aujourd'hui des premières statistiques sur l'enquête entreprise avec la collaboration de très nombreux vétérinaires et des écoles vétérinaires françaises.

C'est dans le même état d'esprit que nous avons pris des mesures préventives à l'encontre des sujets qui pourraient présenter des problèmes de dysplasie de la hanche ou de luxation de la rotule (deux affections qui sont peut-être liées).

L'information

Depuis plus de 10 ans, le Club édite régulièrement une revue tant technique que pratique et tout aussi destinée aux néophytes qu'aux spécialistes de la race. Cette revue est envoyée à tous les juges français et étrangers.

Des séminaires sont également organisés pour les juges de la race lors du grand rendez-vous annuel du Club : l'exposition Nationale d'élevage.

Le Club informe aussi régulièrement ses juges par circulaires des points de non-confirmation et les met en garde contre l'apparition des déviations peu souhaitées.

L'examen de confirmation

Tous les chiens inscrits au LOF doivent, à l'âge adulte, être présentés à un juge qualifié pour passer un examen de confirmation qui, s'il est réussi, donne droit au pedigree définitif ainsi qu'à la reproduction des chiens inscrits au Livre des origines.

Cet examen a été pour nous un outil extraordinaire. En effet, bien que liée très étroitement au standard de la race, la rigueur des critères est modifiable en fonction de l'évolution du cheptel. Ainsi, dans les premières années, avec un cheptel réduit, avons-nous pu être très souples pour garder suffisamment de variabilité génétique et assurer des souches et des lignées distinctes et variées. Aujourd'hui, le cheptel important, les lignées et les souches bien diversifiées et nombreuses établies nous permettent d'être plus sévères. Ainsi certains défauts originels ont peu à peu disparu de notre cheptel (voir plus haut).

La grille de sélection du CCCE

Le règlement de notre grille de sélection (ces règlements pouvant légèrement varier selon les races) a un but simple : classer les reproducteurs selon une échelle de valeurs stable et quantifiable (voir p. 136-137).

La charte d'éleveur

Le Club de race a mis en place une charte de qualité, appelée la charte d'éleveur du CCCE. Les signataires se sont engagés sur l'honneur sur les sept points suivants :

1. Être à jour de cotisation au CCCE (Club).

2. Posséder un affixe. Ne produire et ne vendre que des chiots inscrits au Livre des origines français.

3. Produire des portées dont la valeur (cotation ou étoiles cumulées sur la grille de sélection du père et de la mère) est au moins 4.

4. Faire inscrire au CCCE les propriétaires de leurs chiots.

5. Participer à une exposition Nationale d'élevage sur deux et à, au minimum, une exposition spéciale de race au moins par an.

6. Établir un contrat de vente écrit à chaque cession de chiot. Ce document fera également mention de la destination du chiot (exposition, reproduction, compagnie, etc.) et notifiera à l'acheteur (qui n'est pas toujours un spécialiste de la race) tous les défauts visibles du chiot le jour de la vente (même si l'évolution peut en être favorable). Établi correctement, ce point 6 évitera, dans la majeure partie des cas, la possibilité de poursuites à l'encontre de l'éleveur.

7. Prévoir sur le contrat de vente les modalités précises de dédommagement dû à l'acheteur au cas où le chien ne serait pas conforme à sa destination (point 6) ou présenterait par la suite des « vices cachés ».

En contrepartie, le Club s'engage à favoriser en toutes circonstances la vente des chiots provenant des élevages des signataires de la charte, à publier régulièrement dans sa revue la liste des signataires et à adresser à chaque personne recherchant un chiot en priorité la liste des éleveurs signataires.

L'agility

Votre petit coton n'est pas un chien de manchon ; il a la particularité de ne pas avoir conscience de sa taille et de se prendre pour un grand. Il veut faire comme eux et, dans certaines disciplines comme l'agility, il y arrive parfaitement bien.

Cette discipline, apparentée au jumping équestre, est arrivée de Grande-Bretagne en 1985. Il s'agit pour le chien de franchir dans un minimum de temps, sous la conduite de son maître, une vingtaine d'obstacles (sauts,

La grille de sélection des reproducteurs

	Mâles	**Femelles**
Élite A (6 étoiles)	Anatole d'Aiguevives Diabolo Swing Five O'Clock Diabolo Swing Ipso Monoï de l'Écho des Élingues	Bulle Diabolo Swing Dumbawe de l'Écume des Mers Tropicales Étchika des Fleurs de Louisiane Hellona de l'Écume des Mers Tropicales Isa du Clos des Compagnons Fidèles
Élite B (5 étoiles)	Diabolo Swing Duke E. Bandit de la Fosse Aux Renards Cartoonland's Dalton Dusty du Cottage du Blanc Sceau Elton de l'Arche d'Any White Feeling de la Draille des Cailloux Follow Me du Domaine de Luniray	Diabolo Swing Diamantine Diabolo Swing Earley Diabolo Swing For Ever Indiana des Princes de la Forêt Noire Évinrude du Petit Dan Funnywe de l'Ecume des Mers Tropicales Isis du Petit Bois Landry Daphné
Recommandé (4 étoiles)	Diabolo Swing Hermès Diabolo Swing Nec Plus Ultra Diabolo Swing Non Stop Diabolo Swing On Line Diabolo Swing Oumba Rémi des Nuits Indiennes Ramdam du Vent des Globes Papaye du Vent des Globes Shance de l'Écho des Élingues Nosy Blue Schmilblik Nosy Blue Rayman Nosy Blue Ravage Nosy Blue Neptune Cypion de la Ferme de Bannay Cartoonland's Lautrec Shance de l'Écho des Élingues Nosy Blue Schmilblik Nosy Blue Rayman Nosy Blue Ravage Nosy Blue Neptune Cypion de la Ferme de Bannay Cartoonland's Lautrec Seven du Mas des Freux Rambo du Bosc Lauzi Roméo des Flocons de Juillet Idéal du Petit Dan Garrec du Château de la Londe Idefix de Ranavalona Irving Jazz Jinky des Alizés de l'Eden	Diabolo Swing Hekla Diabolo Swing Hindy Diabolo Swing Is Beautiful Diabolo Swing Lutèce Diabolo Swing Perle Diabolo Swing Mosca Hannah du Château de la Londe Frisquette du Petit Dan Edelweiss de la Marinière en Brie D'Gipsy de la Fosse aux Renards Swanie de l'Arche de la Tuilerie Sakhaline des Flocons de Juillet Rumba du Mas des Freux R'Sushi de l'Écho des Élingues R'Queenie du Pays Landais Raphia Pearl de l'Arche d'Any White Nosy Blue Riklesse Nosy Blue Sucess Cartoonland's Riviera Bellis The Valaury's Cottage Cartoonland's Jacuzi Cartoonland's Naiade Cartooland's Ouahouah Cartoonland's Out Of Africa Cerise de Champlet Tit'Plume de l'Arche de la Tuilerie Shiny Savannah du Domaine de Luniray Melka des Flocons de Juillet Setup du Pays Landais Lune du Petit Dan

	Mâles	**Femelles**
Recommandé (4 étoiles)	Lipso	Elisha The Valaury's Cottage
	Lipton Yellow	Fanatawe de l'Écume des Mers Tropicales
	Lowendal du Domaine de la Rouvière	Frou Frou de Champlet
	Makila du Domaine de la Rouvière	Glycine du Lucq de Bearn
	Melky aux Clos des Youkas	Grenadine
	Milan	Griotte du Royaume de la Mésange
	Nosy Blue Mowgli	Groseille de Champlet
	Number One of Delicious Love	Guewane de l'Écume des Mers Tropicales
	Ollywood de la Chaumière du Lac	Iacumba de l'Écume des Mers Tropicales
	Phébus de l'Arche de la Tuilerie	Isahora de la Chaumière du Lac
	Reggae de l'Écho des Élingues	Joy Kiss du Domaine de la Rouvière
	Toliary's Whites Magic Pop	Laïka des Alizés de l'Eden
	Toliary's Whites Nossi Be	Lesly du Rêve des Îles
		Joyca de la Baguette Dorée
	Sisco de l'Arche d'Any White	Lilas du Rêve des Îles
	Nosy Blue Scapin	Lola de la Case Créole
	Oracle du Domaine de la Rouvière	Loopytoon Ola
	Nosy Blue Spot	Loopytoon Oula Hoop
	Uston des Fleurs d'Aloes	Lorelei Song du Domaine de la Rouvière
		Lullaby de la Chaumière du Lac
		Madison Twist de la Chaumière du Lac
		Manon du Domaine de la Rouvière
		Menka des Trois G
		Neige de l'Arche d'Any White
		Noune Sun de la Chaumière du Lac
		Nueva du Domaine de la Rouvière
		Nymphéa du Castel Windsor
		Omaline de l'Arche d'Any White
		Ongunn de la Chaumière du Lac
		Orore du Bosc Lauzi
		Persanne du Mas des Freux
		Raffia de l'Écho des Élingues
		Toliary's Whites Massilia Pearl
		Vanille
		Cartoonland's Serena
		Ukulele des Fleurs d'Aloès
3 étoiles	Rebel de la Chaumière du Lac	Diabolo Swing Idée
	Royal Kiss of Woodland Cottage	Diabolo Swing Javeline
	Toliary's Whites Omaley	Diabolo Swing Love
	Diabolo Swing Jacinto	Diabolo Swing Pearl Blondie
	Orféo Cristal de Mira Ceti	Diabolo Swing Offa
	Ouragan de la Chaumière du Lac	Cartoonland's Haïchat
	Ourson de l'Arche d'Any White	Cartoonland's Héroïne
	Number des Princes de la Forêt Noire	Cartoonland's Imasumak
	Only You of Woodland Cottage	Cartoonland's Jambalaya
	Obélix	Cartoonland's Jalucine

	Mâles	Femelles
3 étoiles	Ultimo de l'Arche d'Any-White	Cartoonland's Juvamine
	Nuage des Princes de la Forêt Noire	Cartoonland's Manakara
	Hopus	Cartoonland's Nadia
	Mooglie du Clos des Trois Muses	Raphia
	Milky Sweet du Domaine de la Rouvière	Radieuse du Miroir de Galadriel
	Johny du Bois d'Eden	Nosy Blue Obao
	Icare du Clos des Trois Muses	Reva de la Chaumière du Lac
	Happy Boy de la Ferme Bannay	Cartoonland's Fantasia
	Gribouille du Petit Dan	Freesia de Champlet
	Mambo de l'Arche d'Any White	Funny de la Tour de Senlis
	Milton de la Chaumière du Lac	Gauguine de l'Arche d'Any White
	Nobel Price of Delicious Love	Gwendonaelle
	Love Me Always du Domaine de Luniray	Hébé de Champlet
	Lovely of Delicious Love	Helen The Wheeping Willow
	Major des Trois G	Hira du Mas des Freux
	Lusty	Initial's B. B'Metissa
	Libertie de la Chaumière du Lac	Initial's B. B'Oungawa
	Loukas of Delicious Love	Izaleen de l'Arbourin
	Liroy of Delicious Love	L'Olympe au Clos des Youkas
	Jiwaki de la Case Créole	Laëll de Champlet
	Joy de la Chaumière du Lac	Lambada de la Chaumière du Lac
	Jumbo du Petit Bois Landry	Mandarine de la Chaumière du Lac
	Léo de la Chaumière du Lac	Maya de la Chaumière du Lac
	Léo	Melissandre des Nuits Indiennes
	Fileas de Champlet	Miss de l'Îlot du Grand Carré
	Gianni de Bog Lands	Nancy de l'Arche d'Any White
	Gin de Champlet	Opium Girl du Clos Kermorick
	Jerby du Domaine de Luniray	Toliary's Whites New Moon
	Jerry	Passion de l'Ilôt du Grand Carré
	Cartoonland's Fangio	Cartoonland's Sheyenne
	Cartoonland's Madagascar	Nosy Blue Leila
	Cartoonland's Number One	Lylia de l'Écume des Mers Tropicales
	Diabolo Swing One More Time	Lioleen du Domaine de Luniray
	Roméo des Iles Loury	Insee de la Porte des Templiers
	Picasso	Ines des Rives du Lac de Kinkony
	Timy de l'Arche de la Tuilerie	G'zelda The Valaury's Cottage
	Ramsès du Miroir de Galadriel	Upala des Fleurs d'Aloès
	Saphir des Flocons de Juillet	
2 étoiles	Toliary's Whites Le King	Diabolo Swing Nossy Bé
	Pacific du Domaine de la Rouvière	Diabolo Swing Peggy
	Phébus du Domaine de Luniray	Diabolo Swing Pin-Up
	Ouate de l'Arche de la Tuilerie	Diabolo Swing Silver Shadow
	Oby de l'Archipel des Mascareignes	Diabolo Swing Ivoire
	Octopussy	Nhèbe de Champlet
	Osiris	Hindy du Domaine de la Rouvière

	Mâles	Femelles
2 étoiles	Osy-Bé de l'Archipel des Mascareignes	Nosy Blue Romance
	Nino de la Case Créole	Cartoonland's Rikita
	N'Oka de l'Archipel des Mascareignes	Baccarat of the Swift Cotton
	Nosy Blue Nugget	Cartoonland's Iloa
	Number One du Domaine de Luniray	Cartoonland's Juventa
	Taquin dit Théo d'Ivandry	Catoonland's Jymcana
	Taz'Mania Devil des Fleurs d'Aloes	Cartoonland's Libellule
	Ithalique	Cartoonland's Matoon
	Ighins de la Maison de Benjamin	Cartoonland's Minnie
	Simba Cristal de Mira Ceti	Cartoonland's Miss Lainville
	Hercule de la Maison de Benjamin	Cartoonland's Moon
	Funcki de l'Arche d'Any White	Cartoonland's Nitroglycérine
	Cartoonland's Le King	Cassiopée
	Harley de la Draille des Cailloux	Tamara du Domaine de la Rouvière
	Loukoume The Vallaury's Cottage	Salem du Domaine de la Rouvière
	Jicky de la Chaumière du Lac	Raj Lady of Delicious Love
	Mangoro de l'Arche d'Any White	Héroïne Rock Davidson
	Mozart	Idylle des Grands Canyons du Verdon
	Ninja de la Chaumière du Lac	Inka de la Chaumière du Lac
	Cartoonland's Punch	Isis de l'Arche d'Any White
	Rosco Von Zirpen	Joyce de la Bastide St Cricq
	Sakee du Pays Landais	Lola de la Case Créole
	Tin'Ours Cristal de Mira Ceti	Lollipop de la Chaumière du Lac

	Femelles	
2 étoiles	Ma Dyatome du Mistral Gagnant	Cartoonland's Tiny-Toon
	Morphée des Trois G	Oasata Way de l'Archipel des Mascareignes
	Nenette	Imagine de la Maison de Benjamin
	Niobe du Pays Landais	Ginger The Vallaury's Cottage
	Nosy Blue Nilda	Douchka de la Porte des Templiers
	Nosy Blue Orphée	Phicelle de Champlet
	U2 de la Vallée des Petits Princes	Diablesse de la Draille aux Cailloux
	Obao de l'Écho des Élingues	Chipie de l'Arche d'Any White
	Olivia	Lullaby
	Suzon Pillywiggins	Pénélope de l'Arche d'Any-White
	Poutine de l'Écho des Élingues	Donna Shila-Belle v.d. Klusmatt
	O'dinoze du Fond de la Chênaie	Nosy Blue Obao
	Jessie de l'Arche d'Any White	Jessie de l'Ile de Ouate
	Indiana des Bruyères Sauvages	Handy
	Émerveillé de la Draille des Cailloux	

tunnels, palissade, bascule, etc.) dans un ordre pré-établi (mais qui change à chaque parcours). Pas de collier, pas de laisse, rien dans les mains du maître…

Éduqué avec doigté (c'est ici que la méthode de la sanction positive prend tout son sens), il donnera avec un plaisir évident le meilleur de lui-même. C'est un jeu (et cela doit le rester même au plus haut niveau) qui le détend et qui renforce d'une façon extraordinaire la complicité avec son maître.

Les parcours étant toujours différents, même s'il est très intelligent, votre coton a besoin de vous pour respecter l'enchaînement des obstacles. Il est à votre écoute, tant à votre voix qu'à vos gestes… C'est l'ensemble de vos commandements, de votre intonation, de votre posture qui guide votre chien sur le parcours d'agility. C'est un sport d'équipe : votre chien et vous !

Ce sport se pratique dans bon nombre de clubs d'éducation canine. Le plus souvent, on s'y rend d'abord pour faire ou parfaire l'éducation de base du chiot (absolument indispensable tant pour la vie en société que pour l'agility). Puis, on aborde en douceur, pour voir et pour s'amuser, quelques obstacles. Et comme le chien adore ça, on continue jusqu'à ne venir au club que pour l'agility…, puis on passe ses premiers concours (à côté de chez soi, un dimanche), puis, comme on gagne (une coupe) et qu'on s'est fait plein de copains passionnés, on y retourne et c'est ainsi que l'on devient « un mordu » ! Dès les premiers championnats de France (années 1990), Eden (à Jacqueline Vasserot) et Gordon (à Martine Lebrun) se sont distingués. Aujourd'hui, on retrouve un certain nombre de cotons dans les finales.

Glossaire

Affixe : nom d'un élevage agréé par la FCI et déposé au répertoire de la SCC.

CACIB : certificat d'aptitude au championnat international de beauté.

CACS : certificat d'aptitude et de conformité au standard.

CHCS : champion de conformité au standard.

CHIB : champion international de beauté.

Cryptorchidie : les deux testicules ne sont pas descendus dans les bourses.

Dysplasie : pathologie due à une malformation d'une articulation (généralement la hanche ou le coude).

Éclampsie : trouble provoqué après la mise bas par une carence de calcium sanguin.

FCI : Fédération cynologique internationale dont le siège est en Belgique.

Génotype : ensemble des caractères qu'un sujet est capable de transmettre. C'est son potentiel génétique.

Lignée : est pour un individu quelconque l'ensemble de ses ascendants et de ses descendants.

LOF : Livre des origines français. Registre détenu par la SCC dans lequel sont consignées toutes les naissances des chiens de race.

Monorchidie : un seul testicule est présent dans les bourses, le second n'est pas descendu.

Phénotype : ensemble des caractères morphologiques. C'est-à-dire son aspect extérieur.

RCACIB : réserve du certificat d'aptitude au championnat international de beauté.

RCACS : réserve du certificat d'aptitude et de conformité au standard.

SCC : Société centrale canine.

Standard : description des caractères morphologiques et caractériels du chien de race idéal.

Adresses utiles

Société centrale canine (SCC)
155, avenue Jean-Jaurès
93535 Aubervilliers Cedex
Tél. : 01 49 37 54 00
Site internet : www.scc.asso.fr

Fédération cynologique internationale (FCI)
14, rue Léopold-II
6530 Thuin
Belgique
Tél. : 071 59 12 38
Site internet : www.fci.be

Club du chihuahua, du coton de Tuléar et des exotiques (CCCE)
5, résidence Les Courts Sillons
27120 Le Plessis-Hébert
Tél. : 02 32 36 05 11
Site internet : www.ccce.org

Bibliographie

> Les revues

– *Atout Chien* (mensuel)
Complexe industriel de La Hunière
78120 Sonchamp

– *Cynomag* (trimestriel)
Complexe industriel de La Hunière
78120 Sonchamp

INDEX

15,90

Dans la même collection

– *Le Chartreux,* Christiane Sacase.
– *L'Européen,* Brigitte Bulard-Cordeau.
– *Le Maine coon,* Philippe Noël.
– *Le Norvégien,* Martine Casteran.
– *Le Persan,* Brigitte Bulard-Cordeau.
– *Le Sacré de Birmanie,* Catherine Kretz.

– *Le Basset-hound,* Jacques Médard-Ringuet.
– *Le Bearded collie,* Lucien Chaponet et Jacques Coly.
– *Le Beauceron,* Monique Reverdy.
– *Le Berger allemand,* Marc Renaud.
– *Le Border terrier,* Alain Bobek et Muriel Murineddu.
– *Le Bouledogue français,* Dr Jacques Mulin.
– *Le Bouvier bernois,* Chantal Leclercq.
– *Le Boxer,* Jean-Claude Mariet.
– *Le Briard,* Catherine Fauguière.
– *Le Bull terrier,* Julie Deutsch.
– *Le Cane corso,* Claude Pacheteau.
– *Le Cavalier king charles,* Danielle Marchand.
– *Le Chien de Saint-Hubert,* Jean-Pierre Boitard.
– *Le Cocker américain,* Laurent Pichard.
– *Le Cocker spaniel,* Dr Alain Fournier.
– *Le Dobermann,* Angélique Heynard.
– *Le Dogue allemand,* Marie-José Labrousse.
– *L'Épagneul breton,* Dr Alain Fournier.
– *Le Golden retriever,* Véronique Morize.
– *Le Jack et le parson russell terrier,* Chantal Leclercq.
– *Le Labrador,* Gérard Sasias.
– *Le Léonberg,* Georges Blin.
– *Le Lévrier afghan,* Martial Robin.
– *Le Rottweiler,* Frank Haymann.
– *Le Terre-neuve,* Frank Haymann.
– *Le West highland white terrier,* Ruth O'Connor.
– *Le Whippet,* Lise Mayjonade et Catherine Kretz.
– *Le Yorkshire terrier,* Alain Bobek.

Crédits photographiques

Alexis/COGIS : 50 ; **Bennetot/COGIS :** 92-93, 96, 99 ; **Français/COGIS :** 38, 56, 62, 68, 76, 78, 90, 106, 109, 130, 140, 141 ; **Français/Gauzargues/COGIS :** 100-101 ; **Gauzargues/COGIS :** 30, 128 ; **Hermeline/COGIS :** 7, 14-15, 18, 20-21, 24, 31, 34-35, 42, 45, 46, 51, 55, 57, 61, 64, 65, 70, 71, 73, 80, 81, 88, 108, 114-115, 125 ; **Labat/COGIS :** 10, 47, 52-53, 66, 69, 72, 83, 105, 110, 112-113, 118 ; **Lanceau/COGIS :** 4, 8-9, 11, 23, 32-33, 36, 39, 44, 48-49, 54, 58-59, 60, 67, 74-75, 84-85, 86-87, 98, 116-117, 126-127, 138-139 ; **Lepage/COGIS :** 40-41, 63 ; **Monnier/COGIS :** 133 ; **Nicaise/COGIS :** 78-79 ; **Simon/COGIS :** 12, 17, 27, 37, 77, 89, 94-95, 103, 121, 122.